éveil aux
arts plastiques
chez les petits

pauline samson hindson
éveil aux arts plastiques chez les petits

Collection Éveil

 **guérin** MONTRÉAL - TORONTO

4501 Drolet
Montréal (Québec) H2T 2G2 Canada
(514) 842-3481

7e édition, Guérin éditeur ltée, 1993.

Dépôt légal, 1er trimestre 1985
ISBN-2-7601-1126-1
Bibliothèque nationale du Québec
Bibliothèque nationale du Canada
IMPRIMÉ AU CANADA

Maquette de couverture: Michel Poirier
Illustrations: Sophie Lapointe

Table des matières

LES FLEURS

LES ANIMAUX

Pâte à modeler maison

Matériel:
- —sel
- —farine
- —eau
- —huile
- —colorant.

Déroulement:

Dans un bol, tu mélanges:
- —1 tasse de sel
- —2 tasses de farine
- —1 tasse d'eau
- —3 c. à table d'huile
- —Quelques gouttes de colorant.
- —Mélange bien.
- —Place cette boule de pâte dans un contenant en plastique hermétiquement fermé.

Ta main

Matériel:

—1 feuille de papier blanc
—crayons de cire ou de couleur.

Déroulement:

—Place ta main sur la feuille de papier et étends bien tes doigts.

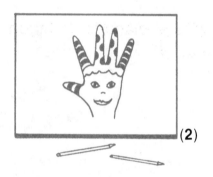

—De ton autre main, trace le contour de la main sur le papier (**1**).

(**1**)

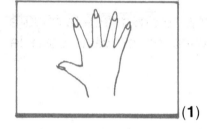

—Tu es prêt maintenant à maquiller le dessin de ta main de la manière que tu aimes (**2**).

(**2**)

L'arbre et son ombre

Matériel:

—2 feuilles de papier de construction de différentes couleurs
—ciseaux
—crayon noir
—colle.

Déroulement:

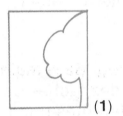

—Sur une feuille de 8 cm X 16 cm, trace la moitié d'un arbre et découpe-le en suivant bien la ligne (**1**).

(1)

—Prends la partie découpée et place-la de façon à faire un arbre complet (**2**).

(2)

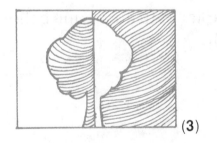

—Colle ces deux parties sur un papier de construction de couleur différente de 16 cm X 16 cm (**3**).

(3)

—Tu peux faire d'autres formes: fleur, enfant, sapin, lapin, etc., en procédant de la même manière.

Une tache symétrique

Matériel:

—gouache liquide
—pinceau
—papier blanc.

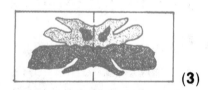

Déroulement:

—Plie en deux une feuille de papier blanc (**1**).

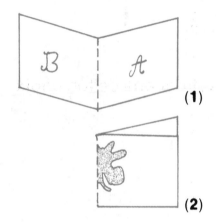

—Sur le côté «**A**» du papier, fais des taches de gouache avec des couleurs différentes (mets beaucoup de gouache le long de la pliure) (**2**).

—Avant que la gouache ne soit sèche, plie la partie «**B**» par-dessus la gouache.

—Avec ta main, appuie sur le papier, comme pour repasser, en poussant la gouache vers les extrémités.

—Ouvre ta feuille de papier et tu auras une belle tache symétrique (**3**).

Silhouette épongée

Matériel:

- —papier de construction
- —ciseaux
- —gouache liquide
- —éponge.

Déroulement:

- —Trace et découpe une silhouette de ton choix (**1**).

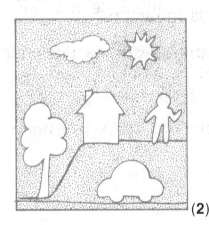

(**1**)

- —Place ta silhouette sur un papier de construction de forme rectangulaire (**2**).
- —Pour peindre, tiens la silhouette avec ta main gauche.
- —Applique la peinture avec la plus petite partie de l'éponge.
- —Enlève la silhouette et laisse sécher.
- —Tu peux mettre sur la même feuille une deuxième silhouette et reprendre les mêmes étapes.

(**2**)

La brume

Matériel:

- —gouache liquide
- —brosse à dents
- —moustiquaire
- —papier de construction
- —une forme quelconque (fleur, feuille séchée, sapin).

Déroulement:

- —Trempe la brosse dans la peinture et frotte-la lentement sur la grille de la moustiquaire. Tu obtiens ainsi des gouttelettes de peinture sur la surface à décorer.
- —Dispose, sur une feuille de papier de construction blanche ou de couleur, le modèle choisi.
- —Fais un nuage de brume au-dessus (10 cm environ).
- —Laisse sécher et retire ton modèle.

Une image au crayon et à la laine

Matériel:

—crayons de cire, de bois ou marqueurs
—papier
—laine noire
—ciseaux.

Déroulement:

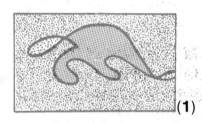
(1)

—Au crayon noir, trace des lignes de manière à former un dessin abstrait et simple (**1**).
—Colorie l'intérieur des parties.
—Mets une ligne de colle sur la ligne au crayon noir et colle la laine en la pressant gentiment pour qu'elle s'imbibe de colle.

La gomme à effacer

Matériel:
- —crayons de cire
- —ciseaux
- —papier
- —papier de construction
- —gomme à effacer.

Déroulement:
- —Découpe n'importe quelle silhouette (forme géométrique, arbre, maison, abstraction) dans le papier de construction.
- —Colorie les bords de cette silhouette au crayon de cire en appuyant fortement (**1**).

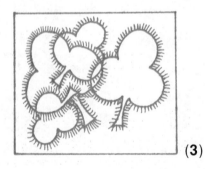

(**1**)

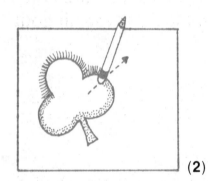

(**2**)

- —Place cette silhouette sur un papier blanc et tiens-la fermement pendant que ton autre main efface les bords en direction du papier blanc (**2**).

(**3**)

- —Tu peux placer ta silhouette à un autre endroit sur le même papier et recommencer le même processus (**3**).

- —Tu peux utiliser dif́ ⌒ntes silhouettes sur le même papier b' ⌣.

La ligne

Matériel:

—2 feuilles de papier de construction de 23 cm X 30 cm et de différentes couleurs
—ciseaux
—colle.

Déroulement:

—Sur une des feuilles de papier de construction, trace une ligne ondulée ou une ligne brisée.
—Cette ligne partira du coin en haut à gauche et se terminera dans le coin droit en bas.
—Coupe le long de la ligne.
—Colle une moitié sur l'autre papier de construction.
—Tourne et colle l'autre moitié sur l'autre côté.
—Tu peux suspendre ton tableau avec un bout de laine.

Les formes

Matériel:
- —papier blanc
- —crayons de couleur
- —papier de construction
- —marqueur noir.

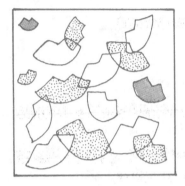

Déroulement:
- —Trace une forme sur une feuille de papier blanc avec un crayon marqueur noir.
- —Répète cette forme sur toute la surface de la feuille en variant les grandeurs.
- —Colorie l'intérieur des formes en utilisant différentes couleurs de ton choix.
- —Colle cette feuille sur un papier de construction de couleur et plus grand.

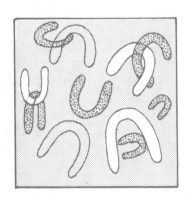

Les taches

Matériel:

—paille
—peinture (4 couleurs différentes)
—feuille de papier blanc
—feuille de papier de construction.

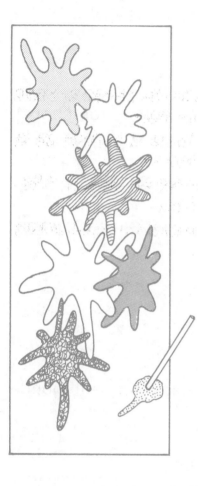

Déroulement:

—Place une goutte de peinture sur la feuille blanche.
—À l'aide de la paille, souffle la goutte dans toutes les directions que tu veux.
—Ajoute des gouttes de différentes couleurs en ayant soin de souffler avant que la peinture ne sèche.
—Tu peux remplir ta feuille si tu veux.
—Lorsque cette feuille est sèche, tu peux la coller ou l'agrafer à une feuille de papier de construction un peu plus grande.

La sculpture

Matériel:

- —1 papier de construction de 30 cm X 45 cm
- —bandes de papier de construction (couleurs, largeurs et longueurs variées)
- —colle
- —ciseaux.

Déroulement:

- —Plie les bandes de la manière de ton choix:
    - —accordéon
    - —rouleau
    - —serpentin
    - —courbe.
- —Colle seulement l'extrémité de chaque bande.

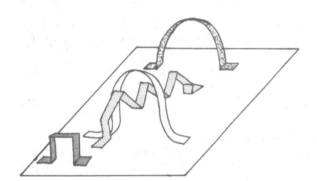

Tu peux créer ainsi un petit monde merveilleux.

Le négatif

Matériel:
—papier de construction (2 couleurs)
—ciseaux
—colle
—crayon.

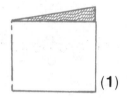

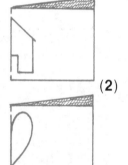

Déroulement:
—Plie une des feuilles de papier de construction en deux parties (**1**).

—En partant de la pliure, trace une forme quelconque et découpe-la sur la ligne que tu as tracée (**2**).
—Ouvre le papier et regarde le dessin que tu viens de créer.

—Sur ton deuxième papier de construction, colle le contour et sa silhouette (**3**).

L'envers du dessin

Matériel:
—papier de construction (2 couleurs, 2 grandeurs)
—ciseaux
—colle.

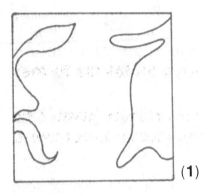

(1)

Déroulement:
—Trace, le long du petit papier de construction de forme rectangulaire, des formes géométriques ou des abstractions (**1**) en ayant soin de ne rien tracer sur les 4 coins du rectangle.

—Découpe ces formes; elles seront comme des morceaux de casse-tête.

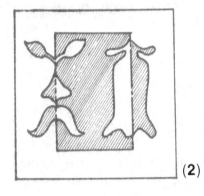

(2)

—Sur le papier de construction plus grand, colle la partie centrale de ton petit rectangle (**2**) et colle les morceaux comme s'ils avaient été dépliés de leur position originale.

Une abstraction

Matériel:
- —retailles de papier de construction de différentes couleurs
- —ciseaux
- —colle
- —carton.

Déroulement:
- —Dans tes retailles, découpe toutes les formes que tu désires.
- —Colle ces morceaux sur un carton, jusqu'à ce que ton carton soit complètement recouvert.

Le masque

Matériel:
- —assiette de papier
- —laine
- —papier de construction
- —règle
- —colle
- —ciseaux
- —papier adhésif.

Déroulement:

(**1**)

- —Dans l'assiette de papier, découpe deux trous pour faire les yeux.
- —Tu peux faire, avec du papier de construction, des sourcils et des cils (**1**).

(**2**)

- —Tu peux faire un nez en collant une boule d'ouate, un petit contenant de crème 🗑 , de la laine ou tout autre matériau de ton choix.

- —Tu peux dessiner la bouche ou la découper dans le papier de construction.

- —En guise de cheveux, tu peux coller des bouts de laine ou des bandes de papier frisé (**2**).

- —Tu peux lui faire un chapeau si tu en as le goût.

(**3**)

- —À l'aide du papier adhésif attache une règle au dos du masque (**3**).

L'horloge

Matériel:
- —assiette de carton
- —papier de construction
- —marqueurs ou crayons de couleur
- —colle
- —ciseaux
- —attache parisienne.

Déroulement:

- —Trace et découpe douze carrés dans le papier de construction et numérote-les de 1 à 12.
- —Colle-les tout autour de l'assiette de carton en ayant soin de mettre le n⁰ 12 en haut, le n⁰ 6 en bas, etc.

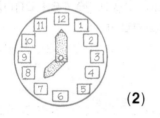

(1)

- —Découpe deux rectangles, un long et l'autre un peu plus court; coupe un côté de chaque rectangle en forme de pointe (**1**).

(2)

- —Au centre de l'assiette, fais un petit trou dans lequel tu placeras l'attache parisienne qui retient les aiguilles au centre (**2**).

(3)

- —Tu peux découper une tête, des bras et des jambes pour ton horloge dans le papier de construction.
- —Tu les colles derrière l'assiette. J'ai dessiné pour toi un ours fait de rectangles et de cercles (**3**).

Une marionnette journal

Matériel:

- —6 feuilles de papier journal de 27 cm X 35 cm
- —papier adhésif ou colle
- —ciseaux
- —papier de couleur ou blanc
- —marqueurs.

Déroulement:

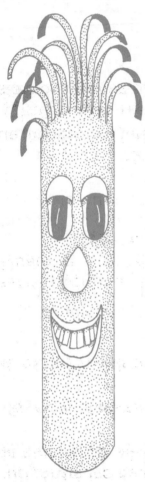

- —Dans le sens de la longueur, roule cinq feuilles de papier journal ensemble.
- —Enveloppe-les avec la sixième feuille et, pour les tenir en place, colle le bord.
- —À l'une des extrémités, fais des entailles de 8 cm à chaque 1½ cm. Tu viens de faire les cheveux (**1**).
- —Dans le papier blanc ou de couleur, découpe des yeux, un nez, une bouche, etc. et colle-les sur le rouleau de journal. Décore ces parties de la figure avec des marqueurs.

(**1**)

L'enveloppe marionnette

Matériel:
— 1 enveloppe blanche
— papier de construction
— laine
— marqueur
— ciseaux
— colle.

(1)

Déroulement:
— Au dos d'une enveloppe, coupe dans le sens de la largeur une épaisseur de l'enveloppe (**1**).
— Tu peux maintenant sceller l'enveloppe en haut et en bas de la coupure.

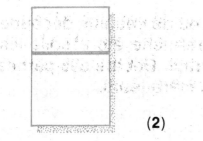

(2)

— Tourne l'enveloppe de l'autre côté.
— Dessine sur ce côté une ligne à la même hauteur que la coupure au dos de l'enveloppe (**2**).

(3)

— Au-dessus de cette ligne, dessine la figure et les cheveux.
— Au-dessous de cette ligne, dessine les vêtement de ton choix (**3**).
— Tu peux faire les cheveux avec de la laine et les vêtements avec du papier de construction.

(4)

— Place les 3 doigts du centre dans la fente au dos de l'enveloppe; le pouce et le petit doigt seront les bras (**4**).

La souris Miquette

Matériel:
— papier de construction blanc, noir et rouge
— crayon de couleur noire
— 4 essuie-pipes de 8 cm
— ruban adhésif.

Déroulement:
— Découpe:
  — 2 cercles noirs de 8 cm
  — 1 cercle rouge de 8 cm
  — 1 cercle blanc de 8 cm.
— Dans le papier de construction rouge, trace et découpe deux mains et deux pieds (**1**) que tu colles au bout des essuie-pipes qui seront les bras et les jambes.

main   pied   (**1**)

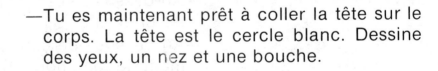

(**2**)

— Le cercle rouge est le corps de la souris. Tu peux donc coller les bras et les jambes derrière le corps (**2**) et dessiner un veston avec ton crayon noir.

— Tu es maintenant prêt à coller la tête sur le corps. La tête est le cercle blanc. Dessine des yeux, un nez et une bouche.

— Les deux cercles noirs sont les oreilles de ta souris. Colle-les sur la tête.

(**3**)

— Voilà, ta souris Miquette est prête pour le spectacle! (**3**).

Le clown

Matériel:
- —ballon
- —assiette de papier
- —retailles de papier de construction
- —crayons de couleur ou marqueurs
- —colle
- —ciseaux.

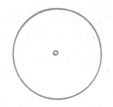

Déroulement:
- —En travaillant sur l'envers de l'assiette, perce un trou au milieu de celle-ci.

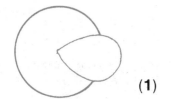

- —Souffle le ballon, insère l'extrémité dans le trou et fixe-la sur l'assiette avec du ruban adhésif. Ce sera le nez de ton clown (**1**).

(1)

- —Dessine au crayon les yeux, les joues et la bouche (**2**) ou découpe-les dans ton papier de construction.

(2)

- —Dans les retailles de papier de construction, découpe un chapeau et un noeud. Colle-les à la tête du clown (**3**).

(3)

La voiture

Matériel:
- —contenant de lait
- —gouache
- —essuie-pipe
- —papier de construction
- —ciseaux.

Déroulement:

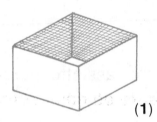

(**1**)

- —Avec tes ciseaux, découpe la partie supérieure d'un petit contenant de lait (**1**).
- —Avec de la gouache, peins le fond du contenant.
  (Pour que la gouache adhère mieux, ajoute de la poudre à récurer.)

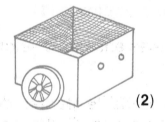

(**2**)

- —Découpe deux cercles dans le papier de construction et colle-les, un de chaque côté de la voiture (**2**).

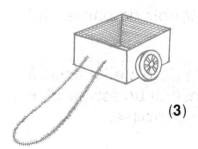

(**3**)

- —Fais deux petits trous à l'avant de ta voiture et insère un essuie-pipe qui te servira à tirer ta petite voiture (**3**).

Le carrosse de bébé

Matériel:
- —2 contenants de lait
- —gouache
- —papier de construction
- —essuie-pipe
- —colle
- —pâte à modeler
- —mouchoir de papier

Déroulement:

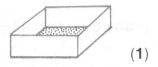

(1)

—Découpe la partie supérieure de deux petits contenants de lait (**1**).
—Peins à la gouache la partie inférieure de tes contenants.

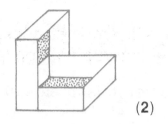

(2)

—Quand ils sont secs, colle-les ensemble selon l'illustration (**2**).

—Découpe quatre cercles dans le papier de construction; ce seront les roues. Colles ces roues sur le carrosse.

—Fais un petit bébé avec ta pâte à modeler et dépose-le dans le carrosse.

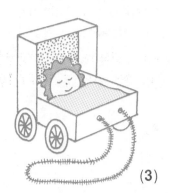

(3)

—Recouvre-le avec un mouchoir de papier qui servira de couverture.

—Il ne te reste plus qu'à faire deux petits trous à l'avant du carrosse et d'y insérer un essuie-pipe pour pouvoir pousser ton carrosse.
Bonne promenade! (**3**).

La tirelire

Matériel:

—rouleau de papier de toilette
—laine
—pâte à modeler
—peinture blanche
—papier de construction.

Déroulement:

—Vers le milieu du rouleau, fais une entaille assez longue pour insérer une pièce de 25¢.

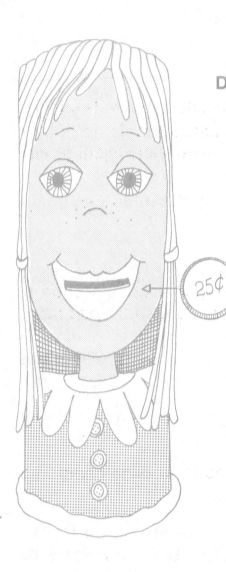

—Peins le rouleau avec la peinture blanche.
—En guise de cheveux, colle des bouts de laine de manière à fermer l'ouverture située au-dessus du rouleau.
—Avec des bouts de papier de construction de différentes couleurs, fais le nez, les yeux, la bouche, etc.
—À l'aide de la pâte à modeler, fais une galette d'un centimètre d'épaisseur et d'une circonférence un peu plus grande que l'ouverture du rouleau de papier de toilette.
—Insères-y le rouleau.
—Quand tu veux sortir l'argent de ta tirelire, tu enlèves la base de pâte à modeler.

Le bateau

Matériel:
- —boîte de lait 500 ml
- —marqueurs
- —pâte à modeler
- —paille
- —papier de construction.

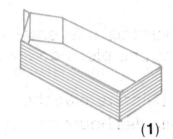

(1)

Déroulement:
- —Découpe l'un des côtés de ta boîte de lait (**1**).
- —Dans le fond de ton bateau, mets un peu de pâte à modeler afin de fixer la paille qui servira de mât.

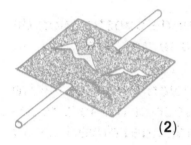

(2)

- —Décore un rectangle de papier construction et insère-le dans la paille à deux endroits (**2**).

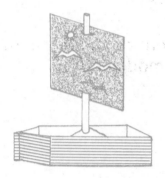

- —Ton bateau est prêt pour un long voyage.

La maison

Matériel:

—1 contenant de lait (format petit ou moyen)
—bâton de «popsicle»
—papier de construction
—peinture.

Déroulement:

—Peins le contenant de lait de la couleur que tu aimes.
—Sur la partie supérieure et inclinée du contenant, colle des bâtons de «popsicle», ce sera le toit.
—Dans le papier de construction, découpe la fenêtre, la porte et la cheminée que tu colleras ensuite sur le contenant de lait.

Si tu ajoutes de la poudre à récurer à la peinture, elle adhèrera mieux.

La maison de papier

Matériel:

- —1 sac de papier # 5
- —journal
- —retailles de papier de construction
- —papier de construction de 23 cm X 30 cm
- —colle
- —ciseaux.

Déroulement:

- —Fais des boulettes de papier journal chiffonné et remplis-en le sac jusqu'aux trois quarts.

- —Replie le sac en faisant rentrer les côtés de manière à donner la forme d'un toit. Colle.
- —Plie le papier de construction de 23 cm X 30 cm en deux et colle-le sur le sac pour former le toit.
- —Avec des retailles de papier, découpe et colle des fenêtres, une porte, une cheminée.

Le ballon clown

Matériel:
- 1 ballon
- marqueurs
- papier de construction ou carton brun
- ciseaux
- chapeau de fête.

Déroulement:
- Souffle le ballon et attache-le en faisant un noeud.
- Dessine sur le ballon le visage d'un clown.
- Trace et découpe les pieds dans le papier de construction ou le carton brun (**1**).
- Fais un petit trou au centre et une entaille à l'arrière (**1**).

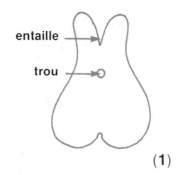

entaille

trou

(**1**)

- Insère le ballon dans le trou, étire le bout du ballon pour l'insérer dans l'entaille.

- Il ne te reste plus qu'à lui mettre un chapeau de fête (**2**).

(**2**)

Le bonhomme bascule

Matériel:
- —1 coquille d'oeuf
- —pâte à modeler
- —brins de laine
- —peinture, crayons de couleur ou marqueurs
- —capsule en plastique ou en métal (contenant de crème en plastique).

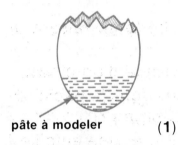

pâte à modeler **(1)**

Déroulement:
- —Brise la partie supérieure d'un oeuf et vide-le de son contenu (**1**).
- —Lave et fais sécher la coquille.
- —Place dans le fond de la coquille un peu de pâte à modeler.

(2)

- —Cache l'ouverture de la coquille en y collant des brins de laine qui seront les cheveux.
- —Peins les yeux, le nez et la bouche.
- —Colle la capsule sur les cheveux, elle servira de chapeau (**2**).
- —Si tu donnes une petite poussée, ton bonhomme se balancera de tous côtés.

Le signet

Matériel:

—1 enveloppe blanche
—ciseaux
—marqueurs ou crayons de bois.

Déroulement:

—Cachette ton enveloppe et coupes-en un coin en zigzag ou en modulations (**1**).

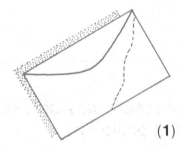

(**1**)

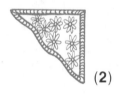

(**2**)

—Décore maintenant ce coin de l'enveloppe (**2**) avec des motifs de ton choix.
—Tu peux l'utiliser pour marquer la page où tu es rendu dans ton livre ou encore tu peux l'offrir en cadeau.

Le parapluie

Matériel:
- papier de construction bleu
- papier-mouchoir
- paille
- marqueurs
- colle
- ciseaux.

(1)

Déroulement:
- Au centre du papier-mouchoir, fais un trou dans lequel tu introduis la paille (**1**).
- À l'aide de tes ciseaux, arrondis les coins de ton papier-mouchoir.

(2)

- Colle la paille sur un papier de construction bleu.
- Dessine des gouttes de pluie et décore ton parapluie avec tes marqueurs (**2**).
- Te voilà prêt pour la prochaine averse.

Le temps qu'il fait

Matériel:

—assiette de carton
—papier de construction de différentes couleurs
—ciseaux
—colle
—attache parisienne

Déroulement:

—Dans du papier de construction, découpe des nuages, des flocons de neige, un soleil, des gouttelettes de pluie, etc...
—Dispose-les autour de la partie intérieure de l'assiette de carton et colle-les.
—Découpe une flèche dans le papier de construction et attache-la au milieu de l'assiette à l'aide de l'attache parisienne.
—Dans la partie supérieure de l'assiette, fais un trou dans lequel tu passeras un bout de laine qui servira à suspendre ton assiette.
—Fais tourner la flèche chaque jour afin qu'elle pointe le temps qu'il fait dehors.

Le bonhomme feuille

Matériel:
- —1 feuille d'érable séchée
- —marqueurs
- —feuille de papier de construction blanc de 23 cm X 30 cm
- —colle.

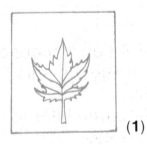

(1)

Déroulement:
- —Colle la feuille d'érable sur ta feuille de papier de construction blanc (**1**).

(2)

- —À l'aide de tes marqueurs, dessine pour ta feuille des bras, des jambes et une tête (**2**).
- —Voilà, ton bonhomme feuille est prêt à courir dans le vent.

Le drapeau du Canada

Matériel:
- —1 feuille d'érable séchée
- —1 feuille de papier blanc
- —papier de construction rouge
- —ruban adhésif
- —1 paille
- —colle.

Déroulement:

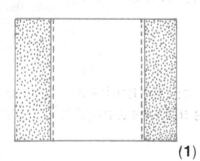

(1)

—Découpe une feuille de papier blanc de 23 cm X 15 cm.

—Découpe aussi deux rectangles rouges de 15 cm X 6 cm.

—Colle ces deux bandes rouges sur le papier blanc, une bande à chaque extrémité (**1**).

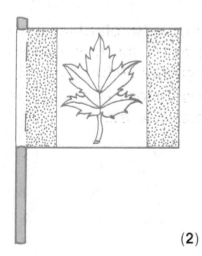

(2)

—Au milieu, colle ta feuille d'érable.
—Sur le côté gauche du drapeau, à l'arrière, fixe la paille avec du ruban adhésif (**2**).

L'arbre en automne

Matériel:

- —papier de construction blanc de 30 cm X 23 cm
- —papier de soie vert, rouge, jaune
- —marqueurs
- —colle
- —ciseaux.

Déroulement:

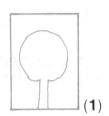

(1)

- —Sur le papier de construction, dessine un arbre (**1**).

- —Découpe le papier de soie en petits morceaux triangulaires ou autres formes à angles aigus.

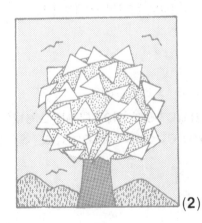

(2)

- —Colle ces petits morceaux, en mêlant les couleurs et en les superposant les uns sur les autres, dans la partie circulaire de ton arbre (**2**).
- —Tu peux dessiner à l'aide de tes marqueurs un soleil, du gazon, des oiseaux, etc.

Le pommier en automne

Matériel:

—papier de construction blanc, bleu ou bleu clair.
—marqueurs ou crayons de couleur
—colle
—ciseaux
—papier de construction vert et rouge.

Déroulement:

(1)

—Dans le papier de construction rouge, découpe autant de pommes que tu le désires (**1**).

(2)

—Dans le papier de construction vert, découpe autant de feuilles que tu as de pommes, sinon plus (**2**).

(3)

—Sur un papier de construction blanc ou bleu, dessine un tronc d'arbre et des branches (**3**).

(4)

—Colle maintenant tes pommes et tes feuilles dans ton arbre (**4**).
—Tu es prêt pour la cueillette des pommes.
—Tu peux dessiner un panier près de l'arbre ou une échelle pour monter dans l'arbre.

La chenille (cercle)

Matériel:
- —papier de construction vert
- —feuille de papier épais de 23 cm X 30 cm
- —colle
- —ciseaux
- —marqueurs.

Déroulement:

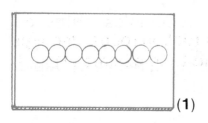

(1)

- —Découpe environ huit cercles verts de 4 cm de diamètre environ.
- —Colle-les tous à la suite en les superposant à peine sur la feuille de papier (**1**).

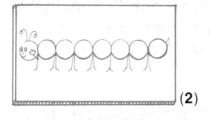

(2)

- —À l'aide de marqueurs, dessine sur le premier cercle les yeux, le nez et la bouche de la chenille et surmonte ce cercle de deux antennes (**2**).

(3)

- —Dessine aussi les pattes de la chenille à la jonction de chaque cercle. Tu peux lui dessiner une petite queue (**3**).

Le train (rectangle)

Matériel:

- —papier de construction brun
- —feuille de papier épais de 23 cm X 30 cm
- —colle
- —ciseaux
- —marqueurs.

Déroulement:

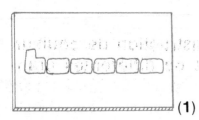
(1)

- —Découpe environ six rectangles bruns de 3 cm X 4 cm.
- —Colle-les tous à la suite sur la feuille de papier épais (**1**).

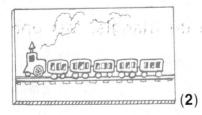
(2)

- —À l'aide de marqueurs, dessine maintenant, sous chaque rectangle, deux roues et des fenêtres pour chaque wagon (**2**).

- —Tu peux faire une locomotive à l'avant, qui crache de la fumée, et une voie ferrée.

Les tentes (triangles)

Matériel:
- —papier de construction de couleur
- —papier de construction blanc de 23 cm X 30 cm
- —colle
- —ciseaux
- —marqueurs ou crayons de couleur.

Déroulement:

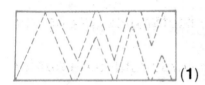

(1)

—Dans le papier de construction de couleur, découpe des triangles de différentes grandeurs (**1**).

(2)

—Au centre de la base du triangle, fais une entaille verticale (**2**).

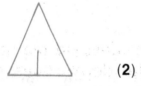

(3)

—Plie les bords de cette entaille vers l'extérieur, pour faire une porte (**3**).

(4)

—Colle maintenant tes triangles sur le papier blanc.

—À l'aide de tes marqueurs, fais un paysage, des Indiens, et décore tes tentes (**4**).

La maison (carrés)

Matériel:
—papier de construction de 23 cm X 30 cm
—feuilles de papier
—colle
—ciseaux
—marqueurs.

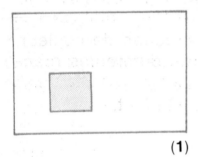

Déroulement:
—Dans les feuilles de papier, découpe trois carrés de 12 cm de côté.
—Colle le premier carré sur ton papier de construction (**1**).

(1)

—Plie ton deuxième carré en diagonale (**2**).

(2)

—Colle-le maintenant juste au-dessus du carré déjà collé sur le papier de construction (**3**).

—Plie ton troisième carré en deux dans un sens et encore en deux dans l'autre sens (**4**).
—Tu viens de faire la porte de ta maison; colle-la au bon endroit.
—Tu peux décorer les alentours de la maison avec tes marqueurs si tu le désires.

(3)

(4)

Le papier déchiqueté

Matériel:
- papier de construction de différentes couleurs
- colle.

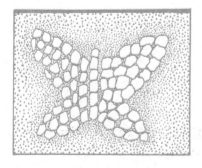

Déroulement:
- Il s'agit ici de faire un paysage ou autre sujet en déchirant le papier avec tes doigts au lieu de le découper.
- Chaque morceau aura environ 2 cm de largeur.
- Tu les disposes et les colles de manière à faire une maison, un arbre, un enfant, etc.

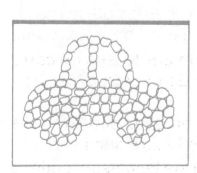

Le sourire

Matériel:
- —papier de construction
- —laine
- —ciseaux
- —colle
- —crayon.

(1)

Déroulement:
- —Dans ton papier de construction, trace un grand cercle et découpe-le.
- —Au crayon, trace les yeux et la bouche (**1**).

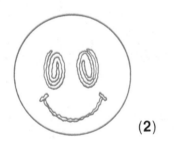

(2)

- —Sur ces lignes au crayon, applique la colle.
- —Prends la laine et colle-la sur les lignes de colle en appuyant avec ton doigt afin que la laine s'imbibe de colle et adhère très bien au papier de construction (**2**).
- —Tu peux utiliser de la laine bleue pour les yeux, rouge pour la bouche et jaune pour les joues.

Un dessin au sable

Matériel:
- —sable fin
- —papier de construction blanc de 30 cm X 22 cm
- —crayon à mine
- —colle blanche
- —journal.

Déroulement:
- —Dessine une fleur, une maison, un animal, etc. sur le papier blanc.
- —Avec soin, étends de la colle sur les lignes du dessin.
- —Saupoudre le sable sur la colle.
- —Laisse sécher avant d'enlever l'excès de colle.

Le bracelet

Matériel:
- pailles
- laine
- ciseaux.

Déroulement:

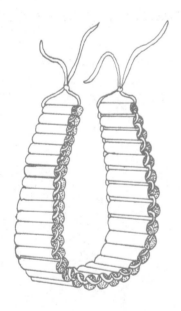

(b)

(a)

(1)

- Coupe deux morceaux de laine de 60 cm chacun.
- À 14 cm du bout de chaque morceau de laine, attache les deux bouts de laine (**1**).
- À l'aide de ciseaux, coupe les pailles d'une longueur de 2 à 3 cm.
- Enfile le bout (**a**) dans le trou d'un morceau de paille et le bout (**b**) dans le trou opposé de la même paille.

- Tire les 2 brins de laine pour que la paille glisse jusqu'au noeud.
- Répète le même processus pour chaque paille en ayant soin de les ranger les unes près des autres.
- Lorsque le bracelet est assez long, attache les deux brins de laine ensemble.

Le soleil

Matériel:
- —papier de construction jaune
- —bâtons de «popsicle»
- —colle
- —crayon.

Déroulement:
- —Trace et découpe un cercle dans le papier de construction jaune.
- —Colle le cercle au centre d'un autre papier de construction de forme rectangulaire.
- —Colle tout autour des bâtons de «popsicle» en guise de rayons.
- —Dessine des yeux, un nez et une bouche pour le soleil.

Le pommier

Matériel:
—papier de soie vert et rouge
—colle
—papier de construction
—crayon.

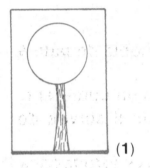

(1)

Déroulement:
—Trace et découpe un tronc d'arbre dans du papier de construction brun.
—Colle-le sur un papier de construction de forme rectangulaire.
—Au crayon, trace un cercle au-dessus du tronc.

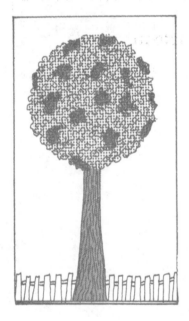

—Découpe des carrés de papier de soie vert de 4 cm de côté.
—À l'intérieur du cercle, colle ces carrés de papier de soie vert que tu auras bouchonnés.
—Couvre bien toute la surface du cercle.
—Découpe des carrés de papier de soie rouge de 4 cm de côté.
—Après les avoir bouchonnés, colle-les un peu partout dans l'arbre. Ce seront les pommes.

Le bateau à voile

Matériel:

—une demi-noix de Grenoble
—pâte à modeler
—feuille papier blanc
—cure-dent.

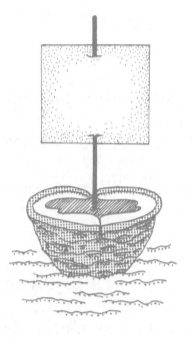

Déroulement:

—Remplis la demi-noix de Grenoble de pâte à modeler.
—Au centre de la pâte introduis un cure-dent.
—Découpe un petit carré blanc; il servira de voile.
—Introduis ton carré blanc à deux endroits dans le cure-dent.
—Tu peux faire flotter ton bateau.

La poubelle

Matériel:
- —1 sac de papier
- —papier de construction de différentes couleurs
- —colle
- —ciseaux.

Déroulement:
- —Plie deux fois le haut du sac de papier pour rendre les rebords solides.
- —Décore le sac avec des motifs que tu auras découpés sur le papier de construction.

Un cadre pour photo ou gravure

Matériel:

—carton ou papier de construction épais
—laine
—photo ou dessin.

Déroulement:

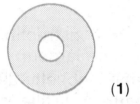

—Découpe un cercle.
—Découpe un second petit cercle au centre du grand cercle de manière à faire un beigne (**1**).

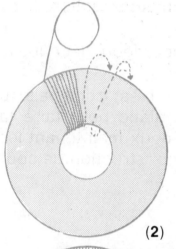

—Enroule la laine tout autour du cercle et colle les extrémités de la laine sur le carton.

—Colle une photo ou un dessin au centre, par-dessus la laine (**2**).

La ribambelle de filles

Matériel:

—papier de construction
—crayon
—ciseaux.

Déroulement:

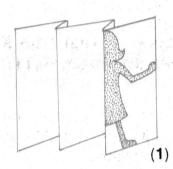

(1)

—Plie un grand papier de construction en accordéon de 4 cm à 5 cm de largeur.

—Au crayon, trace une demi-silhouette de fille **(1)** en t'assurant que le centre de la fille est sur le pli du papier et que le bras touche l'extrémité du papier à droite, de sorte que les filles se donneront la main.

—Le papier toujours en accordéon, découpe la fille.

—Si le papier de construction est trop épais, tu peux utiliser du papier blanc pour faire ta ribambelle de filles. Tu peux maintenant les coller sur un papier de construction de couleur.

L'arbre

Matériel:
- —journal
- —ciseaux
- —papier adhésif.

Déroulement:

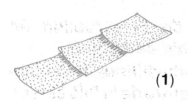

—Place trois feuilles de papier journal côte à côte sur le plancher et colle-les ensemble (**1**).

(**1**)

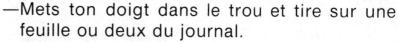

—Roule-les pour faire un tube très serré (**2**).

(**2**)

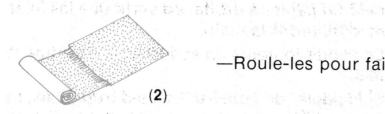

(**3**)

—Avec tes ciseaux, fais quatre à cinq entailles qui mesureront le tiers de la longueur du tube (**3**).
Tire et tire encore; bientôt tu auras un bel arbre.

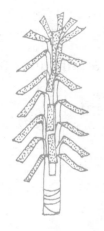

—Mets ton doigt dans le trou et tire sur une feuille ou deux du journal.

—Consolide la base avec du papier adhésif afin qu'il ne se déroule pas.

Le moulin à vent

Matériel:
- papier de forme carrée
- perle de plastique
- épingle à tête
- bâton.

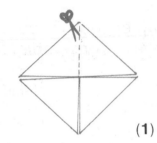

(1)

Déroulement:
- Coupe le carré à partir de chaque coin en te dirigeant vers le centre et en t'arrêtant à 2 cm de celui-ci (**1**).

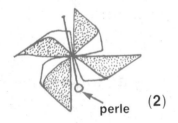

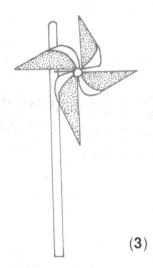

perle (**2**)

- Ramène vers le milieu la pointe droite de chaque section.
- Garde les quatre pointes au milieu en y insérant une épingle à tête (**2**).

- Mets ensuite la perle et insère l'aiguille dans un petit bâton (**3**).
- Tu es prêt à courir dans le vent.

(3)

Le porte-lettres

Matériel:
—2 assiettes de carton
—laine.

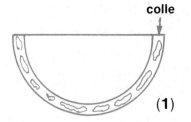

(1)

Déroulement:
—Coupe une assiette en deux parties égales (**1**).

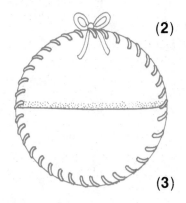

(2)

(3)

—Après avoir mis de la colle sur le contour de la demi-assiette, mets l'assiette complète et la demie face à face (**2**).
—Quand les deux assiettes sont bien collées, fais des trous avec un poinçon tout autour de la grande assiette.
—En commençant par le haut, lace l'assiette avec de la laine (**3**).

(4)

—Tu peux coller des motifs ou dessiner sur la demi-assiette afin de bien la décorer (**4**).

Le collier hawaïen

Matériel:
- —paille
- —fil ou corde
- —aiguille
- —papier de construction
- —ciseaux.

Déroulement:

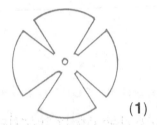

- —Coupe les pailles en morceaux de 3 cm.
- —Dans le papier de construction, découpe des cercles de 6 cm de diamètre.
- —Fais des entailles de manière à former des pétales (**1**).

- —Fais un gros noeud à l'extrémité de ton fil de sorte que les fleurs restent en place.
- —Passe le fil au centre d'une fleur, enfile ensuite un bout de paille et continue en alternant fleur et paille jusqu'à ce que ton collier ait la longueur désirée (**2**).
- —Attache les deux bouts de la corde ou du fil et voilà ton collier!
- —Tu peux utiliser deux épaisseurs de papier de soie pour faire tes fleurs (**2**).

Pliage

Matériel:

—2 bandes de papier de construction de
  2 cm X 45 cm
—colle.

Déroulement:

—Colle deux lanières perpendiculairement (**1**).

(**1**)

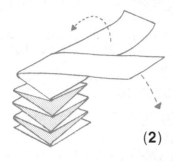

(**2**)

—Replie alternativement l'une des deux bandes
  sur l'autre, à angle droit, jusqu'à épuisement
  de la bande (**2**).
—À la fin, fixe les deux lanières ensemble avec
  de la colle.

Les perles

Matériel:
- pâte faite de sel ($^2/_3$ de tasse) farine ($^2/_3$ de tasse) eau ($^1/_2$ tasse) colorant (3 à 4 gouttes)
- cure-dent
- papier ciré
- fil et aiguille.

Déroulement:
- Prépare la pâte en mélangeant tous les ingrédients.
- Fais de petites perles en roulant entre tes mains un peu de pâte.
- Roule la pâte jusqu'à ce qu'elle soit lisse.
- Les perles sont faites individuellement et de la forme de ton choix.
- Pendant que la perle est encore molle, fais un trou au centre à l'aide d'un cure-dent.
  Ce trou sera utile lorsque tu voudras enfiler les perles pour te faire un collier.

- Pour les faire sécher, place les perles sur un papier ciré. Tu les fais sécher pendant plusieurs jours, selon l'épaisseur des perles.
- Dès que tes perles sont sèches, tu peux te faire un collier ou un bracelet.

Les pompons

Matériel:
—carton
—aiguille
—laine
—ciseaux.

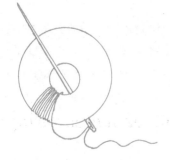

Déroulement:
—Découpe deux cercles semblables en carton.
—Perce un grand trou au centre comme pour faire un beignet.

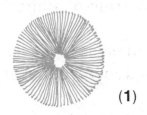

(1)

—Avec une aiguillée de laine, contourne le double cercle en repassant chaque fois par le centre (**1**) jusqu'à ce que le beigne soit bien garni.

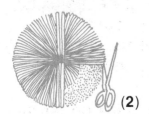

(2)

—Coupe la laine sur le pourtour du cercle (**2**).

—Passe et noue un brin de laine entre les deux cartons que tu déchires ensuite.
—Tu as maintenant un pompon.

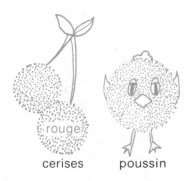

rouge

cerises   poussin

—Tu peux le transformer en cerise ou en poussin si tu as un peu de feutrine pour faire les feuilles ou les parties du corps (**4**).

Le tapis

Matériel:

—2 papiers de construction de différentes couleurs
—ciseaux.

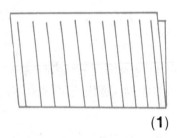

(1)

Déroulement:

—Plie l'un des papiers en deux et découpe-le en bandes qui s'arrêteront à 2 cm du bord (**1**).
—Découpe l'autre feuille en bandes très droites.
—Ouvre le papier que tu avais plié et coupé et mets-le à plat sur la table.

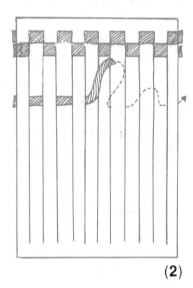

(2)

—Prends une bande et insère-la en allant par-dessus, par-dessous (**2**).
—Fais de même avec chacune des bandes.

La coiffure amérindienne

Matériel:
- —papier de construction
- —ciseaux
- —marqueurs ou crayons de couleur
- —agrafe ou ruban adhésif.

Déroulement:

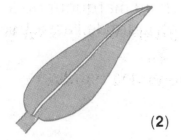

(1)

—Coupe une bande de papier de 4 cm de largeur et assez longue pour faire le tour de ta tête.

—Attache les deux extrémités ensemble pour faire une couronne (**1**).

(2)

—Dans le papier de construction découpe autant de plumes que tu le désires (**2**) et dessine sur une des faces une nervure.

—Colle ces plumes sur ta couronne.

—Tu es prêt pour ta danse indienne.

—Tu peux aussi décorer la couronne de couleurs vives et brillantes.

Le porte-bébé amérindien

Matériel:
- —une assiette de papier
- —laine
- —papier de construction
- —colle
- —peinture ou marqueur
- —crayons de couleur.

Déroulement:

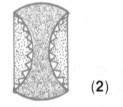

(1)

—Plie une assiette de papier en trois parties comme sur l'illustration (**1**).

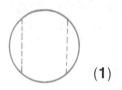

(2)

—Dessine des motifs indiens, au marqueur ou à la peinture, sur la face extérieure de l'assiette (**2**).

(3)

—Sur le papier de construction, trace et découpe la forme d'un enfant (**3**). Dessine ensuite les parties de sa tête.

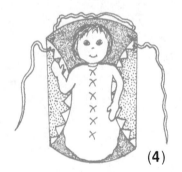

(4)

—Colle cet enfant à l'intérieur du porte-bébé.
—Mets un lacet de laine qui servira à attacher le papoose sur ton dos (**4**).

Le wigwam indien

Matériel:

—marqueur ou crayon
—papier de construction
—ciseaux
—colle ou ruban adhésif
—petite branche ou essuie-pipe.

Déroulement:

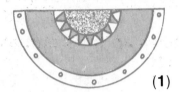

(1)

—Découpe un demi-cercle dans le papier de construction et décore-le avec des motifs indiens (**1**).

(2)

—Plie le demi-cercle de façon à former un cône et colle les côtés ensemble pour le tenir en place.
—Fais une entaille en avant et plie un côté de l'entaille pour faire une porte (**2**).
—Au sommet, insère la petite branche.
—Tu as une belle tente.

Le totem

Matériel:

—un rouleau de papier ciré ou de papier essuie-tout
—papier de construction de couleur
—colle
—ciseaux
—gouache
—marqueurs.

Déroulement:

(1)

—Pour faire les ailes de ton totem, utilise du papier de construction et trace des ailes qui auront 24 cm de long (**1**).

(2)

—Colle les ailes à 6 cm du haut du tube (**2**).
—Avec tes marqueurs, dessine des motifs sur les ailes.

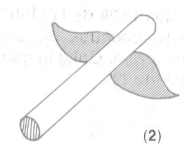

(3)

—Peins maintenant le totem en y faisant toutes sortes de figures intéressantes.
—Tu peux utiliser des morceaux de papier de construction pour faire des yeux, des nez, des bouches, etc.

Le chapeau de fête

Matériel:
- —papier de construction
- —marqueur
- —ciseaux
- —ruban adhésif ou agrafe.

Déroulement:

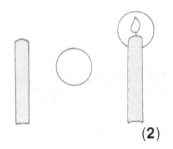

(1)

- —Trace et découpe une bande de papier assez longue pour faire le tour de la tête.
- —Décore cette bande de papier (**1**).

(2)

- —Dans le papier de construction, découpe autant de chandelles que l'âge de l'enfant.
- —Pour faire la chandelle, découpe un petite bande de papier et un cercle. Colle le cercle au bout de la petite bande (**2**).
- —Dessine la flamme.

(3)

- —Colle les chandelles autour de la couronne (**3**).
- —Tu es prêt pour la fête.

Le chapeau de fête spécial

Matériel:
- —8 à 10 pailles
- —1 verre de «styrofoam»
- —corde.

Déroulement:
- —Attache les pailles ensemble, au centre, avec la corde.
- —Fais un noeud très serré de manière à faire plier les pailles (**1**).

(**1**)

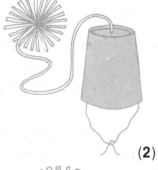

(**2**)

- —Fais un trou dans le fond du verre et passe la corde dans ce trou (**2**).

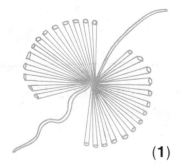

(**3**)

- —Tu peux maintenant mettre ton chapeau de fête (**3**).

Le chapeau de bouffon

Matériel:

—papier de construction de 45 cm X 45 cm
—bandes de papier de 1½ cm X 45 cm
—crayon
—colle ou agrafe
—laine.

Déroulement:

(**1**)

—Trace et découpe un quart de cercle (**1**).

(**2**)

—Rabats les deux côtés de manière à former un cône.
—Colle-le ou agrafe-le pour le maintenir dans cette forme.
—Fais friser les bandes avec les ciseaux et colle-les sur la partie pointue de ton chapeau.
—Découpe deux bouts de laine que tu fixes à la base pour attacher ton chapeau (**2**).

Les fleurs transparentes

Matériel:
- —papier-mouchoir
- —papier de construction
- —peinture à l'eau
- —pinceau
- —papier essuie-tout
- —colle.

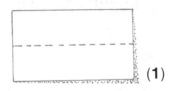

Déroulement:
- —Déplie un papier-mouchoir et sépare-le de manière à n'avoir qu'une seule épaisseur (**1**).
- —Place ce mince papier-mouchoir sur un morceau de papier essuie-tout.
- —Peins des fleurs à la peinture à l'eau sur le mince papier-mouchoir.
- —Laisse sécher.

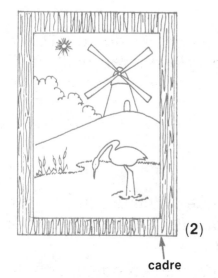

cadre

- —Colle un cadre de papier de construction autour du papier-mouchoir (**2**).

- —Tu peux maintenant le suspendre à la fenêtre.

La jonquille

Matériel:

- —pâte à modeler
- —essuie-pipe
- —papier de construction vert et jaune
- —papier de soie jaune.

Déroulement:

(1)

—Sur le papier de construction jaune, trace et découpe une forme qui ressemble à l'illustration (**1**).

(2)

—Insère au centre de la fleur un essuie-pipe dont tu recourbes l'extrémité (**2**).

(3)

—Enroule une bande de papier de soie jaune autour de tes deux doigts et retourne l'extrémité sur elle-même comme pour faire une petite tuque (**3**).

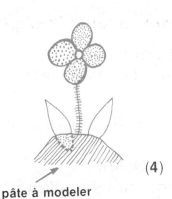

(4)

pâte à modeler

—Colle cette petite tuque au centre de la fleur. Trace et découpe deux feuilles dans le papier de construction vert.

—Fais une petite base en pâte à modeler pour ta fleur et insère aussi les deux feuilles (**4**).

La fleur

Matériel:
- pâte à modeler
- papier de soie
- bâton de «popsicle»
- papier de construction vert
- colle
- moule de papier pour gâteau individuel.

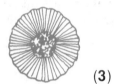

(1)

Déroulement:
- Aplatis un petit moule à gâteau en papier (**1**).

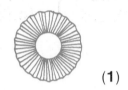

(2)

(3)

- Au centre du moule, colle des carrés de papier de soie que tu auras bouchonnés (**2**), (**3**).

(4)

pâte à modeler

- Colle cette fleur au bout d'un bâton de «popsicle» qui est la tige.
- Dans le papier de construction vert, découpe deux ou trois feuilles que tu colles sur le bâton de «popsicle».
- À l'aide de la pâte à modeler fais une base pour ta fleur.
- Insère ta fleur dans cette base (**4**).
- Tu peux décorer ta place ou celle d'un ami avec cette belle fleur.

La fleur (centre de table)

Matériel:
- —papier de construction
- —essuie-pipe
- —pâte à modeler
- —ciseaux.

Déroulement:

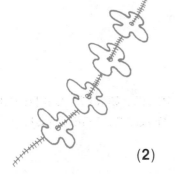

(1)

- —Dans du papier de construction de couleurs variées, découpe des fleurs qui auront la forme de l'illustration (**1**).

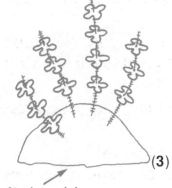

(2)

- —Enfile cinq ou six de ces fleurs sur un essuie-pipe (**2**).
- —Tu peux en faire autant que tu le désires.

pâte à modeler

(3)

- —À l'aide de la pâte à modeler, fais une base pour les fleurs.
- —Insère chaque fleur dans la pâte (**3**).
- —Tu as maintenant un beau petit centre de table.

La tulipe à deux dimensions

Matériel:

—papier de construction de 15 cm X 23 cm
—papier de construction de 30 cm X 30 cm
—ciseaux
—colle.

Déroulement:

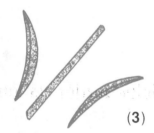

(1)

—Découpe ton morceau de papier pour que les mesures soient de 15 cm X 15 cm.
—Tu as maintenant un carré que tu plies en deux (**1**).

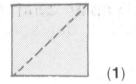

(2)

—Plie maintenant les deux pointes à la base vers le haut (**2**).

(3)

—Avec le reste du papier découpe une tige et deux feuilles (**3**).

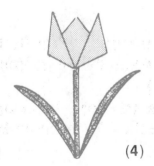

(4)

—Colle les morceaux sur du papier de construction d'une couleur différente (**4**).

Le plant de tulipe

Matériel:
- —papier de construction vert, rouge et brun
- —1 bâton de «popsicle»
- —ciseaux
- —crayons de couleur ou marqueurs.

Déroulement:

(1)

- —Trace un vase sur le papier brun (**1**) et découpe-le.

(2)

- —Sur le papier vert, trace deux feuilles (**2**). Découpe-les.

(3)

- —Trace une tulipe sur le papier rouge (**3**) et découpe-la.

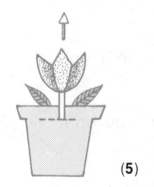

(4)

- —Colle le bâton de «popsicle» derrière la tulipe; ce sera la tige (**4**).

(5)

- —Dans la partie supérieure du pot de fleur, à 2 cm du bord, fais une entaille qui permettra à la fleur de pousser (**5**).
- —Colle les deux feuilles derrière le vase et insère la fleur dans l'entaille. Tu peux la faire grandir.

La couronne de fleurs

Matériel:

- —1 papier de construction vert de 23 cm X 30 cm
- —retailles de papier de construction de toutes les couleurs
- —ciseaux
- —colle
- —marqueur
- —papier adhésif ou agrafeuse.

Déroulement:

(1)

- —Plie le papier de construction vert en deux dans le sens de la largeur.
- —Découpe des bandes de 1½ cm de largeur en t'arrêtant à 3 cm du bord (**1**).
- —Plie le papier vert toujours plié en deux, de manière à faire un anneau et colle-le ou agrafe-le.

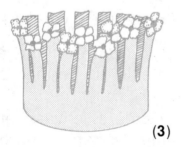

(2)

- —Fais des fleurs avec les retailles de papier de différentes couleurs (**2**) et dessine le centre au marqueur.

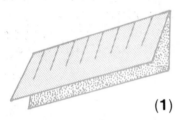

(3)

- —Colle une fleur sur chaque bande (**3**).

- —Tu as une magnifique couronne de fleurs pour garnir la table.

La fleur printanière

Matériel:
- —essuie-pipe
- —papier de construction
- —colle
- —boutons.

Déroulement:

- —Prends un bouton. Dans un des trous, insère un essuie-pipe et recourbe l'essuie-pipe dans l'autre trou (**1**). Tourne le bout de l'essuie-pipe sous le bouton de manière à emprisonner le bouton.

(**1**)

- —Découpe de nombreux pétales dans le papier de construction.

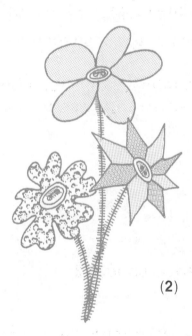

- —Mets un peu de colle sur un bout du pétale et colle ce dernier derrière le bouton. Mets autant de pétales que tu le désires (**2**).

- —Tu peux faire autant de fleurs que tu voudras.

(**2**)

La fleur de laine

Matériel:

- —laine de différentes couleurs
- —crayon
- —colle
- —plateau en «styrofoam» qu'on utilise pour la viande ou les légumes.

Déroulement:

- —Dessine une fleur sur la surface intérieure du plateau.
- —Retrace les mêmes lignes avec de la colle.
- —Double la laine noire et applique-la sur la colle avant qu'elle ne sèche.
- —Remplis de colle les espaces vides de la fleur (couvre un espace à la fois) et recouvre cette colle de laine de différentes couleurs.
- —Colle un bout de laine en haut pour suspendre ton tableau.

L'arbuste à fleurs

Matériel:
- —petit arbuste ou branchette
- —pot de yogourt
- —pâte à modeler
- —papier crêpé ou papier de soie
- —papier adhésif
- —ciseaux.

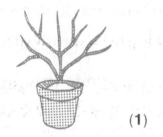

(1)

Déroulement:
- —Dans ton pot de yogourt, tasse la pâte à modeler au fond; elle servira de base à ton arbuste que tu piqueras dedans (**1**).

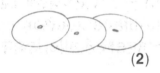

(2)

- —Découpe des cercles dans le papier crêpé ou le papier de soie; fais un petit trou au centre de chaque cercle. Tu peux superposer trois cercles pour faire une fleur (**2**).

(3)

- —Passe une branche dans les trois trous. Serre le papier autour de la branche et garde-le en place à l'aide de papier adhésif (**3**).

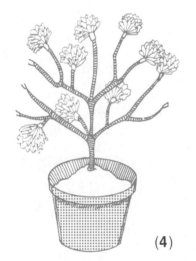

(4)

- —Fais de même pour chaque branche.
- —Ton arbre est prêt pour décorer ton bureau ou la table.

Le hibou

Matériel:

—une demi-noix de Grenoble
—feutrine brune, blanche et orange
—petite branche
—colle.

Déroulement:

—Découpe un morceau de feutrine de la même forme que l'illustration (**1**).

—Colle la noix sur ce morceau de feutre.

—Colle le bout supérieur du feutre en le ramenant presque à la moitié de la noix.

—Découpe dans la feutrine blanche et orange, le bec, les yeux et les pattes. Colle-les aux bons endroits.

—Colle la petite branche à l'extrémité inférieure de la noix et colle les pattes dessus (**2**).

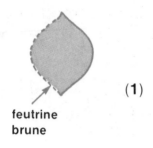

feutrine
brune

(**1**)

(**2**)

Le hibou ciseaux

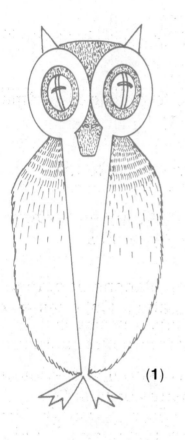

Matériel:
—ciseaux
—marqueurs ou crayons de bois
—feuille de papier blanc.

Déroulement:
—Sur ta feuille de papier blanc, trace le contour de la paire de ciseaux (**1**).

—Dessine maintenant les yeux, le corps, les oreilles et les pattes de ton hibou.

(1)

—Essaie d'imaginer d'autres sujets que tu peux dessiner à partir de ciseaux.

ex.: carrosse de bébé

La chenille porte-crayons

Matériel:
- —boîte à oeufs
- —gouache
- —pinceau
- —essuie-pipe.

Déroulement:

(1)

—Découpe une boîte à oeufs dans le sens de la longueur (**1**).

—À la gouache, peins cette demi-boîte de couleurs vives et variées.

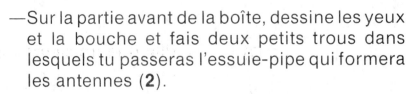

(2)

—Sur la partie avant de la boîte, dessine les yeux et la bouche et fais deux petits trous dans lesquels tu passeras l'essuie-pipe qui formera les antennes (**2**).

—Sur chacune des bosses de la chenille, fais un trou à l'aide d'un crayon.

—Tu peux maintenant y ranger tes crayons (**3**).

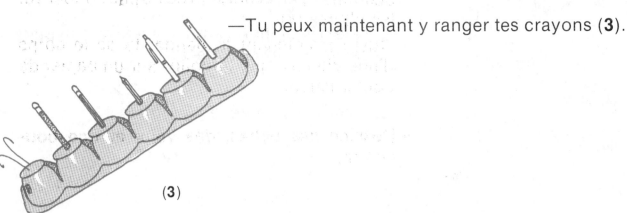

(3)

La chenille

Matériel:
- —papier de construction
- —ciseaux
- —colle
- —crayon.

Déroulement:

—Découpe une bande de papier dont la grandeur sera de 6 cm X 30 cm.

(1)

—Plie cette bande en deux (**1**).

(2)

—Plie une deuxième fois (**2**).

(3)

—Plie une troisième fois (**3**).

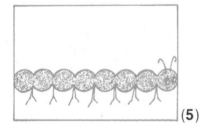

(4)

—Sur ton papier plié, trace un cercle et découpe-le en ayant soin de ne pas couper sur les pliures (**4**).

—Ouvre maintenant ta bande: tu as le corps d'une chenille que tu colles sur un papier de construction.

(5)

—Dessine des pattes, des yeux et une bouche (**5**).

Le serpent

Matériel:
- —boîte à oeufs
- —fil
- —ciseaux
- —essuie-pipe
- —gouache
- —pinceau.

Déroulement:
- —Découpe les alvéoles où l'on place les oeufs.
- —Perce le fond de chaque cône (**1**).

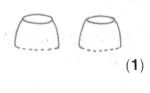

(**1**)

- —Peins chaque alvéole de la couleur de ton choix.

- —Enfile maintenant les alvéoles l'une après l'autre, en ayant soin de faire un noeud à chaque bout du fil (**2**).
  *La dernière alvéole est dans le sens opposé.
- —Colle ou dessine des yeux à ton serpent.
- —Pour la langue, tu peux insérer un essuie-pipe dans la première alvéole.

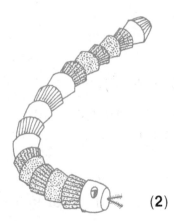

(**2**)

Matériel:
—papier de construction de 15 cm X 15 cm
—ciseaux
—crayon ou marqueur.

Déroulement:

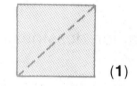

—Plie la feuille de papier de construction en deux (**1**).

—Plie les deux pointes supérieures vers le bas et la pointe inférieure vers le haut (**2**).

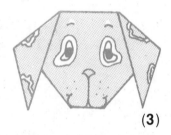

—Décore la figure de ton chien (**3**).

(1)

(2)

(3)

Le chien qui jappe

Matériel:

—1 sac de papier brun
—crayons de cire ou marqueurs
—papier de construction
—ciseaux.

(**1**)

Déroulement:

—Sur le fond d'un sac de papier, dessine la face de ton chien (**1**).

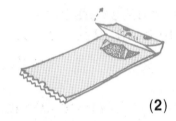

(**2**)

—Dessine sa bouche sous la partie cachée par le fond du sac (**2**).

(**3**)

—Dans le papier de construction, découpe des triangles qui seront des oreilles.

—Mets ta main dans le sac et fais japper ton chien (**3**).

Le chien saucisse

Matériel:
- papier de construction brun
- marqueurs
- ciseaux
- colle.

Déroulement:

(**1**)

- Sur le papier de construction brun, dessine un chien de 30 cm de long. Découpe-le (**1**).

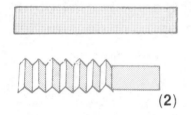

(**2**)

- Découpe une bande de papier brun de 30 cm de long que tu plies en accordéon (**2**).

- Coupe le corps de ton chien en deux parties.

(**3**)

- Colle une extrémité de la bande en accordéon à une partie du chien et l'autre extrémité de la bande à l'autre partie du chien (**3**).

- Tu as un beau chien saucisse dès que tu le désires.

La tortue

Matériel:
- —2 assiettes de carton
- —papier de construction brun
- —ciseaux
- —colle
- —marqueurs.

Déroulement:

(1)

—Dans ton papier de construction brun, trace et découpe la tête et la queue de la tortue (**1**) en laissant un prolongement pour la partie à coller.

(2)

—Découpe deux bandes de 3 cm X 15 cm autour de l'assiette. Plie-les en deux et dessine les pieds (**2**).

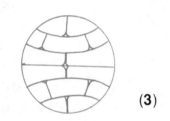

(3)

—Avec tes marqueurs, dessine, sur la partie plate de l'assiette, des formes qui ressemblent à la carapace d'une tortue (**3**).

—Plie l'assiette en deux.

—Avant de coller ensemble les bords de l'assiette pliée, insère la tête et la queue de la tortue.

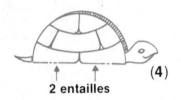

(4)

2 entailles

—Sur la partie pliée de l'assiette, découpe deux entailles de 3 cm (**4**).

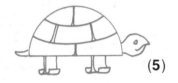

(5)

—Introduis les pattes que tu plies légèrement pour que la tortue se tienne debout (**5**).

L'aquarium

Matériel:
- —feuilles séchées
- —colle
- —papier de construction blanc
- —papier de construction noir
- —crayons de couleur.

(1)

Déroulement:
- —Colle le papier de construction blanc par-dessus le papier noir. (Le papier blanc et un peu plus petit que le papier noir) (**1**).

- —Sur ce fond, colle des feuilles qui seront les poissons.

- —Dessine la bouche des poissons et les bulles.

- —Colle de petits cercles blancs pour les yeux.

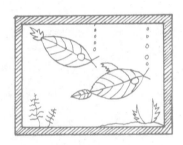

Le poisson

Matériel:
—1 assiette de carton
—papier de soie (couleurs de ton choix)
—papier de construction noir et rouge
—colle
—ciseaux.

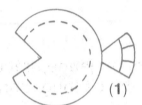

(1)

Déroulement:
—Dans l'assiette, trace et découpe un triangle (1).

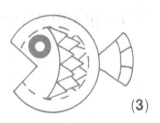

(2)

—La partie que tu as enlevée sera la queue du poisson. Colle donc ce triangle derrière l'assiette en laissant dépasser la partie la plus large du triangle (2).

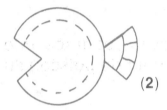

(3)

—Sur la partie plate de l'assiette, colle de petits triangles de couleur, que tu auras découpés dans du papier de soie (3).
—Découpe un cercle noir et un cercle rouge plus petit que tu colles sur le cercle noir. C'est l'oeil de ton poisson; colle-le en place.

—papier de construction bleu de 30 cm X 46 cm
—papier de soie
—papier de construction orange ou jaune
—colle
—ciseaux
—marqueurs.

(1)

—Sur le papier de construction jaune, trace le corps d'un poisson de 21 cm de long, dont la forme sera celle d'un oeil (1).

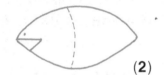

(2)

—Découpe la bouche à l'avant et trace une ligne dans le sens de la largeur du poisson au centre de ce dernier (2).

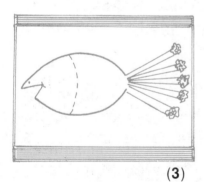

(3)

—Découpe cinq ou six bandes jaunes de 15 cm de longueur et 1 cm de largeur; ce sera la queue de ton poisson.
—Colle tous ces morceaux sur ton grand papier de construction bleu (3).

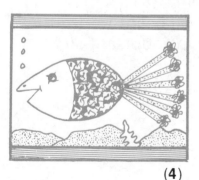

(4)

—Découpe des carrés de papier de soie et bouchonne-les avant de les coller sur la partie arrière du corps du poisson et au bout de chaque bande de la queue (4).
—À l'aide de tes marqueurs, fais un paysage marin pour ton poisson.

Le poisson rouge

Matériel:
- 2 assiettes de carton
- papier de construction rouge et noir
- papier de soie
- colle
- ciseaux
- laine ou corde.

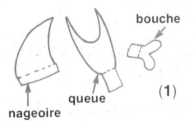

bouche

queue

nageoire

(1)

Déroulement:

- Dans le papier de construction rouge, trace et découpe: la bouche, la queue et deux nageoires (**1**).

- Avant de coller les deux assiettes l'une en face de l'autre, insère entre les deux la bouche, les nageoires et la queue.

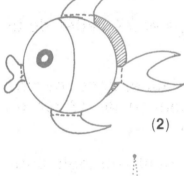

(2)

- Colle maintenant les yeux que tu auras faits en découpant deux cercles noirs et deux cercles rouges plus petits que tu auras collés sur les cercles noirs (**2**).

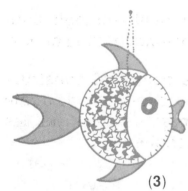

(3)

- Découpe, dans le papier de soie, des carrés de 5 cm de côté, et bouchonne ces carrés que tu colles sur l'assiette dans la partie derrière les yeux (**3**).
- Fais les deux côtés du poisson.
- Tu peux le suspendre en faisant un trou en haut de l'assiette et en y introduisant un bout de laine.
- Le poisson a vraiment l'air de nager.

La girafe

Matériel:
- —papier de construction jaune et noir
- —ciseaux
- —colle.

Déroulement:

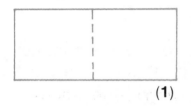

(1)

- —Découpe un rectangle de 13 cm X 30 cm dans le papier jaune.
- —Plie-le en deux (**1**).

- —Pose ton rectangle plié sur la table de manière à ce que le pli soit vers le haut.

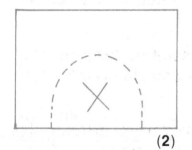

(2)

- —Trace la forme d'un U à l'envers et découpe les deux épaisseurs (**2**).

- —Tu viens de faire le corps et les pattes de ta girafe.

- —Dans le reste du papier jaune, découpe une bande de 3 cm de largeur et de 13 cm de longueur; ce sera le cou.

- —Découpe maintenant un petit rectangle pour la tête et un autre, plutôt long, pour la queue.

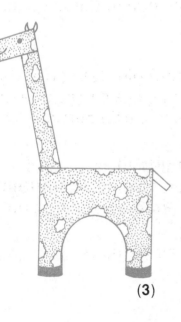

(3)

- —Colle des morceaux de papier de construction noir déchiquetés et colle-les sur la girafe pour lui faire des taches; n'oublie pas les sabots, les yeux et la bouche (**3**).

La guitare canard

Matériel:

- —un morceau de carton
- —marqueurs
- —élastiques
- —ciseaux.

Déroulement:

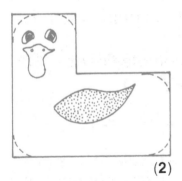

(1)

- —Ton morceau de carton peut avoir comme dimension 30 cm X 18 cm. Il peut être plus grand ou plus petit, selon ton choix.
- —Dans le coin supérieur, à droite, trace un carré de 13 cm de côté (**1**).

(2)

- —Découpe ce carré, et arrondis les coins du morceau de carton qu'il te reste (**2**). Tu as maintenant le corps de ton canard.
- —Dessine-lui des yeux, un bec et une aile.

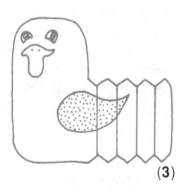

(3)

- —Sur le dos et la base de ton canard, fais quatre ou cinq petites entailles en forme de triangle. Assure-toi que les entailles à la base sont bien en ligne droite avec celles du haut (**3**).
- —Dans chaque entaille passe un élastique.
- —Tu peux jouer de la guitare.

Le lion

Matériel:

- papier de construction jaune de 22 cm X 30 cm
- papier de construction jaune de 22 cm X 15 cm
- laine
- retailles de papier
- ciseaux
- colle.

Déroulement:

(1)

(2)

- Plie la feuille de 22 cm X 30 cm en deux, dans le sens de la longueur.
- Découpe un demi-cercle sur les côtés ouverts **(1)**.
- Sur le pli du papier en haut, coupe 5 cm de chaque côté.
- Plie vers le centre pour obtenir les pattes **(2)**.

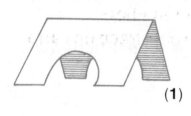

(3)

(4)

- Dessine la tête du lion sur la feuille de 15 cm X 22 cm et découpe-la (tu la fais comme un beignet et tu ajoutes ensuite les détails) **(3)**.

- Fais les yeux, le nez, etc. avec les retailles de papier et colle-les **(4)**.

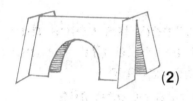

(5)

- Ajoute la laine pour la queue, les moustaches, la crinière, etc.
- Colle la tête **(5)**.

La cage du lion

Matériel:
- crayon noir ou marqueur
- papier de construction 23 cm X 30 cm
- papier de construction 15 cm X 15 cm
- papier de construction 7 cm X 7 cm
- papier de construction 45 cm X 60 cm
- colle
- ciseaux.

Déroulement:
- Plie en deux le papier de construction de 23 cm X 30 cm (**1**).

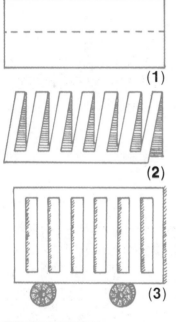

- Trace et découpe des dents sur la pliure du papier (**2**).
- Déplie ta feuille; tu as maintenant la cage.

- Découpe les roues dans le papier de construction de 7 cm X 7 cm.

- Plie en deux le papier de construction de 15 cm X 15 cm (**3**).

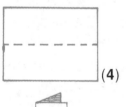

- Trace et découpe la moitié de la tête du lion (**4**).
- Ouvre le papier; tu as la tête complète. Maintenant dessine les oreilles, le nez, les yeux et la bouche du lion (**5**).

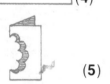

- Place ta tête de lion derrière la cage et colle-la ainsi que la cage et les roues sur la feuille de papier de construction de 45 cm X 60 cm.

L'abeille

Matériel:
- —boîte à oeufs
- —papier de construction
- —essuie-pipe
- —marqueurs.

Déroulement:

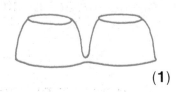

(1)

—Dans une boîte à oeufs vide, découpe une section de deux alvéoles (**1**).

(2)

—Dans le papier de construction, trace et découpe une paire d'ailes semblables à l'illustration (**2**).

—Dessine des nervures à la surface de ces ailes.

(3)

—Colle ces ailes sous la partie centrale de la section de deux alvéoles (**3**).

—Dessine les yeux, le nez et la bouche sur l'alvéole avant; ce sera la tête. Dessine des lignes noires sur l'alvéole arrière; ce sera l'abdomen.

(4)

—Sur la tête, fais deux petits trous dans lesquels tu insères deux essuie-pipes; ce seront les antennes (**4**).

La tête de chat à deux dimensions

Matériel:

—papier de construction de 15 cm X 15 cm
—ciseaux
—crayon ou marqueur.

Déroulement:

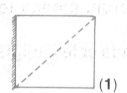

(1)

—Plie la feuille de papier de construction en deux (**1**).

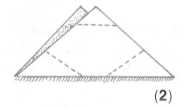

(2)

—Plie vers le bas la partie supérieure du triangle et vers le haut les deux coins inférieurs (**2**).

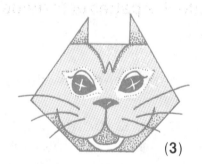

(3)

—Il ne te reste qu'à décorer la figure de ton chat (**3**).

La main dinde

Matériel:
— papier de construction brun
— crayons de cire ou marqueurs.

Déroulement:
— Place ta main sur le papier brun, étends tes doigts et trace le contour (**1**).
— Le pouce sera la tête de la dinde et les doigts, la queue.

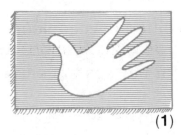

(**1**)

(**2**)

— Il ne te reste qu'à rajouter les pattes et ta dinde sera prête à courir (**2**).

La dinde

Matériel:

—papier de construction de différentes couleurs
—colle.

Déroulement:

—Découpe des bandes de différentes couleurs de 2 cm de largeur.

—Colle-les de manière à former des anneaux (**1**).

(**1**)

—Découpe dans du papier brun deux cercles, un grand et un petit, et colle-les sur un grand rectangle de papier de construction de manière à former le corps de la dinde.

—Pour les plumes de la queue, utilise les anneaux que tu as faits en mettant la colle sur le contour de l'anneau et en les collant au bon endroit (**2**).

—Rajoute les détails supplémentaires (bec, pieds...) en les dessinant ou en collant des retailles de papier de construction.

(**2**)

Le dindon dodu

Matériel:

—papier de construction jaune, vert ou bleu de 23 cm X 30 cm

—papier de construction brun de 15 cm X 30 cm

—bandes de 3 cm X 16 cm de couleur jaune, orange, rouge

—ciseaux

—colle

—marqueur noir.

(1)

(2)

Déroulement:

—Trace le corps du dindon sur le papier de construction brun et découpe-le (**1**).

—Colle ce corps sur un papier de construction de couleur verte ou bleue.

—Trace le contour du corps au marqueur noir et dessine les yeux, le bec et les pattes.

—Plie les bandes pour faire des plumes (**2**) et colle-les à l'arrière du corps.

Caroncule

(3)

—Avec les retailles de papier brun, trace et découpe une aile que tu colles sur le corps à un bout seulement; l'autre bout couvrira le début des plumes (**3**).

—Trace et découpe une caroncule rouge et colle-la sous le bec.

Le chaton

Matériel:
- —papier de construction noir de 23 cm X 30 cm
- —colle
- —ciseaux
- —morceaux de papier de construction rouge et vert.

(1)

Déroulement:
- —Plie le papier de construction noir en deux dans le sens de la la largeur (**1**).
- —Trace un demi-cercle à la base.
- —Découpe le demi-cercle en ayant soin de couper les deux côtés à la fois.

(2)

- —Utilise le premier demi-cercle pour faire la tête (**2**).
- —Fais la bouche et le nez avec le papier rouge et les yeux avec le papier vert.
- —Dans l'autre demi-cercle, découpe les oreilles, les moustaches et la queue.

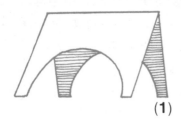

(3)

- —Assemble les parties avec de la colle et tu auras un gentil chaton qui se tient debout (**3**).

Le chat animé

Matériel:

—papier de construction
—ciseaux
—colle.

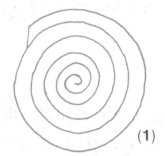

Déroulement:

—À l'intérieur d'un cercle de 12 cm de diamètre, trace, en partant du centre, une spirale de quatre tours se terminant en pointe sur la circonférence (**1**) et découpe-la.

—Trace et découpe un chat semblable à celui de l'illustration (**2**).

—Colle le centre de la spirale à la base de la figurine (**3**).
—Tu peux dessiner les griffes, les yeux, le nez et la bouche ou les découper dans du papier de construction de couleur.

La marmotte

Matériel:

—papier de construction brun
—bâton de «popsicle»
—colle
—marqueur noir
—verre en papier.

Déroulement:

—Plie le papier brun en deux.
—Découpe un grand cercle (6 cm) et un cercle peu plus petit sur la partie pliée du papier brun (**1**).
—Colle un bout du bâton de «popsicle» à l'intérieur du grand cercle, c'est le corps de la marmotte.
—Colle le petit cercle pour faire la tête et, avec le marqueur, dessine les yeux, le nez, la bouche et les oreilles.
—Au fond du verre, fais une entaille.
—Fais glisser le bâton de «popsicle» dans cette entaille (**2**).
—La marmotte peut entrer et sortir de sa cachette.

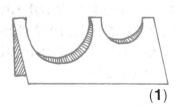

(**1**)

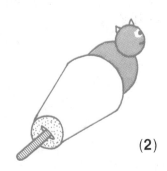

(**2**)

L'oiseau jaune

Matériel:
- —peinture jaune
- —oeuf vide
- —papier de construction
- —ciseaux
- —colle.

Déroulement:

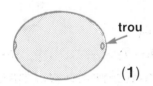

(1)

—Vide un oeuf de son contenu en faisant un petit trou, avec un objet pointu, à chacune des extrémités (**1**). Souffle dans l'un des trous et l'oeuf se videra par le trou opposé.

—Peins l'oeuf en jaune.

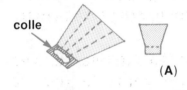

(**A**)

—Pendant qu'il sèche, découpe
une queue (**A**),
un bec (**B**),
deux ailes (**C**),
deux yeux (**D**).

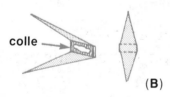

(**B**)

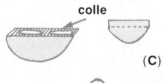

(**C**)

(**D**)

—Colle ces parties sur l'oeuf.
—Ton oiseau s'envolera bientôt.

L'araignée

Matériel:

—une demi-noix de Grenoble
—pâte à modeler
—essuie-pipes
—papier de construction noir.

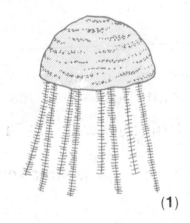

(1)

Déroulement:

—Remplis la demi-noix de Grenoble de pâte à modeler.
—Introduis dans la pâte huit essuie-pipes en les disposant ainsi: quatre à gauche de la noix et quatre à droite de la noix (**1**).

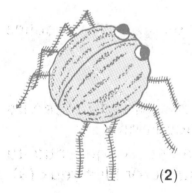

(2)

—Donne ensuite aux essuie-pipes la forme des pattes de l'araignée en y mettant les articulations (**2**).
—Colle deux petits cercles noirs sur la noix. Ce seront les yeux.

La coccinelle

Matériel:
- —une demi-noix de Grenoble
- —papier de construction noir
- —papier de construction rouge
- —colle
- —pâte à modeler
- —peinture rouge
- —ciseaux.

Déroulement:

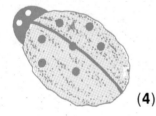

(1)

- —Peins la demi-noix de Grenoble avec de la peinture rouge.
- —Dessine une ligne noire sur la noix pour faire les ailes (**1**).

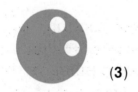

(2)

- —Découpe de petits cercles noirs que tu colles sur la noix (**2**).

(3)

- —Découpe un cercle noir plus grand, qui servira de tête. Colle la tête sous la noix.
- —Découpe de petits cercles rouges que tu colleras sur la tête et qui seront les yeux (**3**).

(4)

- —Remplis l'intérieur de la noix de pâte à modeler (**4**).

Mouton

Matériel:
- —2 épingles à linge
- —1 bâton de «popsicle»
- —crayons feutre
- —ouate
- —colle
- —papier de construction.

Déroulement:
- —Attache deux épingles à linge à un bâton de «popsicle» (**1**).
- —Peins au marqueur les pieds, les jambes et la tête de la couleur de ton choix.

(**1**)

- —Colle la ouate sur le corps du mouton en ayant soin de ne pas en coller sur la tête et les jambes.
- —Colle ou dessine les yeux.
- —Avec du papier de construction, tu peux tracer, couper et coller deux oreilles.
- —Laisse sécher avant de manipuler.

La petite poule

Matériel:
—un oeuf cuit ou un oeuf vide
—papier de construction
—ciseaux
—colle.

Déroulement:

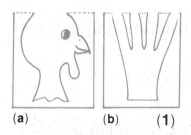

—Plie deux feuilles de papier de construction.
—Sur le pli du papier, trace la tête et le cou d'une poule; sur l'autre papier, trace la queue de la poule (**1**).

(**a**)   (**b**)   (**1**)

—Découpe maintenant le long des lignes en ayant soin de ne pas couper la partie où le papier est plié.

—Colle le cou et la queue sur l'oeuf (**2**).
—Découpe, dans les retailles de papier, des plumes en forme de larmes.

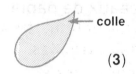

(**2**)

—Colle sur l'oeuf la partie pointue de la plume seulement (**3**).
—Tu n'as pas besoin de plumes sous la poule.
—Quand la colle est sèche, tu peux plier un peu les plumes vers l'extérieur, ainsi la poule peut se tenir sur place sans rouler.
—Tu peux aussi lui faire un nid avec de fines bandes de papier (**4**).

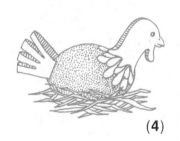

colle

(**3**)

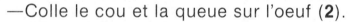

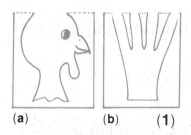

(**4**)

La chauve-souris

Matériel:
- —papier de construction noir
- —morceaux de papier de construction jaune
- —ciseaux
- —colle.

(1)

Déroulement:
- —Dans ton papier de construction noir, trace et découpe un cercle (**1**).

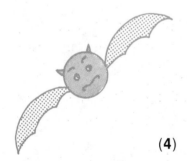

(2)

- —Trace et découpe les ailes selon l'illustration (**2**).

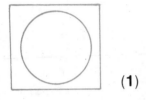

(3)

- —Fais les yeux, le nez et la bouche dans les morceaux de papier de construction jaune et les oreilles dans les morceaux de papier noir (**3**).

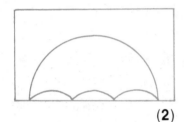

(4)

- —Colle les ailes derrière la tête (**4**).

Le papillon

Matériel:

—3 feuilles de papier de soie de 15 cm X 20 cm et de différentes couleurs
—1 épingle à linge
—peinture noire ou crayon feutre noir
—1 essuie-pipe.

Déroulement:

—Peins ou teins au marqueur l'épingle à linge.
—Superpose les trois feuilles de papier de soie et pince-les au milieu (**1**).

(**1**)

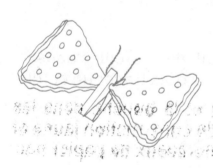

—Pour garder les papiers de soie dans cette position, attache-les avec l'épingle à linge qui servira en même temps de corps pour le papillon.
—Ouvre de nouveau l'épingle à linge et insère l'essuie-pipe que tu as un peu plié en deux et dont tu as recourbé les extrémités.
—Tu peux décorer l'aile qui est à la surface en y collant des morceaux de papier de soie de différentes couleurs.

Le chat de la sorcière

Matériel:

— papier de construction noir, rouge et jaune
— essuie-pipes
— ciseaux
— colle.

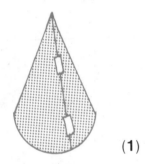

(1)

Déroulement:

— Dans le papier noir, découpe un grand demi-cercle et roule-le de manière à former un cône.
— Pour tenir le cône en place, utilise l'agrafeuse ou du ruban adhésif (**1**).

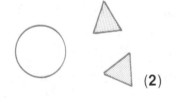

(2)

— Découpe la tête du chat et les oreilles dans le papier noir. Pour cela, tu dois tracer un cercle et deux triangles (**2**).

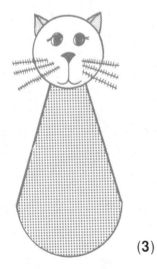

(3)

— Colle la tête au bout pointu du cône. Colle aussi les oreilles noires et les yeux que tu auras découpés dans du papier jaune. La bouche sera du papier rouge (**3**).
— Les moustaches sont les essuie-pipes que tu colles au bon endroit.

La chauve-souris

Matériel:
- —boîte à oeufs vide
- —papier de construction noir et rouge
- —fil ou laine
- —ciseaux
- —colle.

Déroulement:

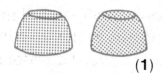

(1)

—Découpe deux alvéoles dans la boîte à oeufs **(1)**.

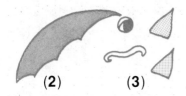

(2)   **(3)**

—Dans le papier noir, trace et découpe deux ailes **(2)**, deux oreilles **(3)** et les yeux.

—Découpe aussi une bouche dans le papier rouge.

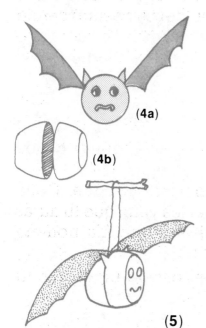

(4a)

(4b)

—Colle ces parties en place. Les ailes sont collées entre les deux alvéoles d'oeuf **(4a)** qui sont aussi collés ensemble, l'un en face de l'autre **(4b)**.

(5)

—Colle un fil ou un bout de laine entre les deux oreilles pour simuler le vol de la chauve-souris **(5)**.

—papier de construction de différentes couleurs
—ciseaux
—colle.

(1)

—Dans du papier de construction orange, trace et découpe la forme d'une lune pour faire le corps du hibou (**1**).

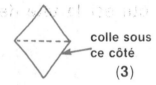
(2)

—Découpe deux cercles noirs que tu colles au centre de deux cercles blancs plus grand (**2**) pour faire les yeux.

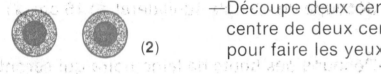
colle sous ce côté
(3)

—Pour faire le bec, trace et découpe un losange que tu plies ensuite en deux et colles en place (**3**) (colle un côté du losange seulement).

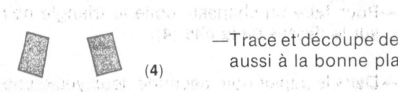
(4)

—Trace et découpe deux pieds (**4**) que tu colles aussi à la bonne place.

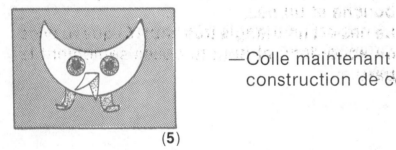
(5)

—Colle maintenant ton hibou sur un papier de construction de couleur brillante (**5**).

La tête de sorcière

- papier de construction blanc et noir
- laine noire
- ciseaux
- colle.

Déroulement:

(1)

- Dans le papier de construction blanc, trace et découpe un cercle de 16 cm de diamètre (**1**).

(2)

- Dans le papier de construction noir, trace et découpe un triangle équilatéral de 16 cm (**2**).

(3)

- Découpe des bouts de laine noire qui seront les cheveux de ta sorcière.
- Colle-les sur le cercle, qui est la tête de ta sorcière (**3**).

(4)

- Pour faire un chapeau, colle le triangle noir sur le dessus de la tête (**4**).

(5)

- Dans le papier noir, découpe deux yeux, une bouche et un nez.
  Le nez est un triangle très haut (**5**) que tu plies en accordéon et dont tu colles seulement la base.

La sorcière

Matériel:
- —papier de construction orange
- —papier de construction noir
- —papier blanc
- —papier journal
- —ciseaux
- —colle.

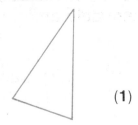

(1)

Déroulement:
- —Dans le papier de construction noir, trace et découpe un triangle qui servira de chapeau à la sorcière (**1**).

- —Découpe des bandes de papier journal de 1½ cm de largeur. Ce seront les cheveux.

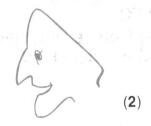

(2)

- —Dans le papier blanc, trace et découpe une figure de sorcière (**2**).

(3)

- —Colle la figure sur le papier de construction rectangulaire orange; colle ensuite les cheveux et enfin le chapeau (**3**).
- —Ta sorcière est prête pour l'Halloween.

Le fantôme

Matériel:
- —serviette de table en papier blanc
- —papier-mouchoir
- —paille ou bâton de «popsicle»
- —laine.

Déroulement:
- —Bouchonne le papier-mouchoir et place-le au centre de la serviette de table (**1**).

(**1**)

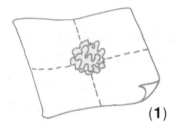

(**2**)

- —Tu feras la tête du fantôme en attachant la serviette avec de la laine (**2**).
- —Avant de faire une boucle trop serrée, insère la paille ou le bâton de «popsicle» dans l'ouverture.

(**3**)

- —Dessine les yeux et la bouche de ton fantôme (**3**).

La citrouille cirée

Matériel:

—crayons de cire noir et orange
—1 bâton de «popsicle» coupé en deux dans le sens de la longueur
—carton de 16 cm X 16 cm.

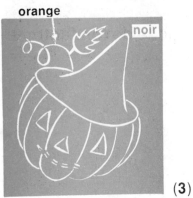

(1)

Déroulement:

—Avec ton crayon de cire, applique de la couleur orange sur toute la surface du carton carré.

(2)

—Toujours au crayon de cire, recouvre complètement la couleur orange avec la couleur noire (on ne doit plus voir la couleur orange).

(3)

—Maintenant que ton carton est complètement noir, grave le dessin d'une citrouille à l'aide du demi-bâton de «popsicle».
—Toutes les lignes que tu traces seront orange. Gratte aussi la cire à l'intérieur des yeux, du nez et de la bouche.

Le sac à main citrouille

Matériel:

—papier de construction orange et noir
—colle
—ciseaux
—poinçon
—laine.

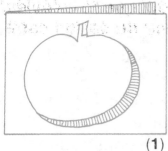

(1)

Déroulement:

—Dans le papier de construction orange, trace et découpe deux citrouilles de forme identique (tu peux plier ton papier en deux et couper dans les deux épaisseurs) (**1**).

—Dans le papier de construction noir, découpe des triangles pour les yeux et le nez et découpe aussi la bouche.

—Colle ces parties sur la citrouille.

—Superpose les deux citrouilles et poinçonne le contour de la partie inférieure.

—Lace, avec la laine, tout autour de la citrouille. N'oublie pas de réserver un peu de laine à chaque bout pour faire l'anse de ton sac à main (**2**).

(2)

La citrouille

Matériel:
- —sac de papier brun
- —papier journal
- —papier de construction noir et vert
- —colle
- —peinture orange.

Déroulement:

- —Peins le sac de papier avec la peinture orange.
- —Lorsque le sac est sec, remplis-le avec du papier journal bouchonné.
- —Tourne et colle le dessus du sac de manière à former la tige de la citrouille.
- —Découpe dans le papier de construction les yeux, le nez et la bouche.
- —Colle-les au bon endroit sur le sac.
- —Découpe une feuille ou deux et colle-les près de la tige de la citrouille.

Le bonhomme citrouille

Matériel:

—papier de construction orange et noir
—bandes de papier orange ou blanc
—colle.

Déroulement:

—Trace une forme de citrouille sur ton papier de construction orange et découpe-la.
—Découpe les yeux, le nez et la bouche dans du papier de construction noir.
—Colle-les en place.
—Découpe quatre bandes de papier orange et plie chacune d'elles de façon à faire un accordéon (**1**). Ce seront les bras et les jambes de notre citrouille. Colle-les au bon endroit derrière la citrouille.

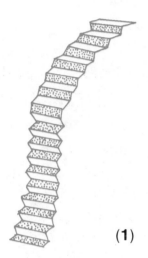

(1)

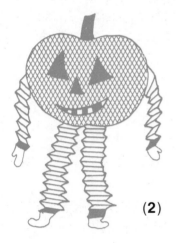

(2)

—Découpe des pieds et des mains dans le papier de construction noir et colle-les aux extrémités des bandes (**2**).

Le hibou d'Halloween

Matériel:

—papier de construction -brun
  -noir
  -blanc
  -jaune
  -orange

—colle.

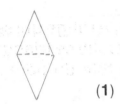

(1)

Déroulement:

—Pour faire la face du hibou, découpe un grand cercle dans le papier de construction brun.

—Pour les yeux, découpe deux cercles blancs, et deux cercles noirs un peu plus petits que tu colleras sur les cercles blancs.

—Découpe deux lunes dans le papier de construction jaune; elles seront les sourcils.

—Pour faire le bec, découpe deux triangles orange (**1**). Tu colles seulement un côté des triangles sur le grand cercle brun de manière à faire ouvrir le bec lorsque tu le désires.

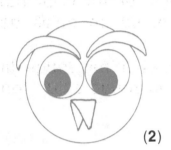

(2)

La marionnette père Noël

Matériel:
- —1 sac de papier brun
- —papier de construction rouge et noir
- —ouate
- —colle
- —ciseaux.

Déroulement:

(1)

- —Trace et découpe un triangle rouge qui servira de chapeau au père Noël. Colle ce triangle à la base du sac (**1**) qui est la tête du père Noël.

(2)

- —Colle à la base du triangle et sur la pointe supérieure un peu de ouate en guise de fourrure (**2**).
- —Découpe deux yeux noirs et un nez rouge; la bouche peut être noire ou rouge selon ton choix.

(3)

- —Colle de la ouate en guise de barbe et de cheveux (**3**).

La tête du père Noël

Matériel:
- —assiette de carton
- —ouate
- —papier de construction rouge et noir
- —ciseaux
- —colle.

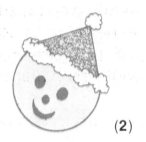

(1)

Déroulement:
- —Trace et découpe un triangle rouge que tu colles sur la partie supérieure de l'assiette (**1**).

(2)

- —Colle de la ouate sur la pointe du triangle et à la base.
- —Au centre de l'assiette, colle un cercle rouge qui sera le nez.
- —Colle aussi les yeux que tu auras découpés dans le papier noir (**2**) et la bouche que tu auras découpée dans le papier rouge.

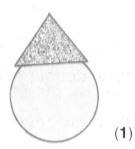

(3)

- —Colle maintenant de la ouate tout autour de l'assiette en guise de barbe, de moustache et de sourcils (**3**).

Un père Noël en forme d'étoile

Matériel:

- —papier de construction rouge
- —papier blanc
- —ouate
- —colle
- —ciseaux
- —marqueur ou crayon noir.

Déroulement:

- —Tu dois tout d'abord dessiner et découper une étoile.
- —Tu peux demander de l'aide pour tracer ton étoile.
- —Dessine au crayon noir l'extrémité de quatre pointes d'étoile.
- —Trace et découpe un cercle blanc en guise de figure. Dessine les yeux, le nez et la bouche.
- —Colle de la ouate autour de la figure, sur la pointe du chapeau et au bout des manches et des jambes.
- —Au crayon, dessine une ceinture et des boutons noirs.

Le père Noël

Matériel:

- —papier de construction rouge, noir et blanc
- —ouate
- —ciseaux
- —colle
- —crayons de couleur.

Déroulement:

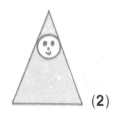

- —Dans le papier de construction rouge, trace et découpe un triangle (**1**).

- —Dans le papier blanc, découpe un cercle qui sera la figure du père Noël (**2**). Dessine les yeux, le nez, la bouche et la moustache.

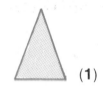

- —Dans le papier noir, découpe une paire de bottes pour le père Noël (**3**). Colle-les en place.

- —Découpe aussi une petite bande noire en guise de ceinture et deux bras rouges que tu colleras en place (**4**).
- —Colle une petite boule de ouate en guise de pompon et tout autour du cercle blanc en guise de cheveux et de barbe.
- —Dessine des boutons.
  - *Tu peux coller de la ouate à la base du manteau du père Noël et à la base des manches.

L'arbre de Noël

Matériel:
—papier de construction ou papier plus épais
—papier de soie vert
—colle.

Déroulement:
—Trace et découpe un large demi-cercle dans du papier de construction épais (**1**).

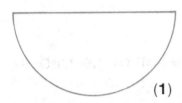

(**1**)

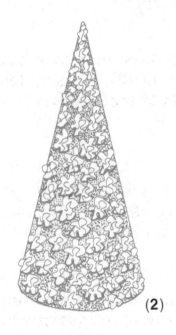

(**2**)

—Donne au demi-cercle la forme d'un cône et fixe-le avec de la colle ou une agrafeuse.

—Découpe plusieurs carrés de 5 cm de largeur dans du papier de soie vert et bouchonne-les un par un.
—Colles ces papiers bouchonnés tout autour du cône, jusqu'à ce qu'il soit complètement recouvert (**2**).
—Tu peux le décorer si tu veux.

L'arbre de Noël stylisé

Matériel:

—papier de construction blanc, vert et noir
—retailles de papier de construction de toutes les couleurs
—colle
—ciseaux.

Déroulement:

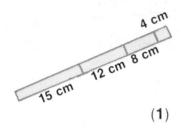

(1)

—Coupe une longue bande de papier vert de 2½ cm de large. Divise cette bande en quatre parties de 15 cm, 12 cm, 8 cm et 4 cm (**1**).
—Découpe onze cercles de différentes couleurs dont le diamètre sera d'environ 2½ cm; ce seront les boules.

(2)

—Dans le papier de construction noir, découpe une base pour ton arbre (**2**).

(3)

—Il te reste maintenant à coller tous les morceaux sur une feuille de papier de construction blanche de 22 cm X 30 cm (**3**).
—Commence par la base, que tu colles au bas de ta feuille au centre.
—Ensuite, colle la bande verte de 15 cm au-dessus de laquelle tu colleras cinq cercles de couleur.
—Colle maintenant la bande de 12 cm que tu surmonteras de trois cercles de couleur.
—C'est au tour de la bande de 8 cm surmontée de deux cercles et enfin de la petite bande de 4 cm surmontée d'un seul cercle.
—Il ne te manque plus que les cadeaux.

La guirlande

Matériel:
- —papier de construction de différentes couleurs
- —colle
- —ciseaux.

Déroulement:
- —Coupe le papier en bandes d'égale longueur et largeur.
- —Colle une bande de manière à faire une bague **(1)**.

(1)

- —Enfile une autre bande dans le trou de la bague et colle-la **(2)**.
- —Enfiles-en une autre et une autre et une autre.
- —Tu auras ainsi une belle guirlande.

2)

La guirlande de fruits et de maïs soufflé

Matériel:
- —fil et aiguille
- —maïs soufflé
- —canneberges non cuites.

Déroulement:
- —Passe dans ton aiguille un fil aussi long que tu veux. Sa longueur déterminera celle de ta guirlande.
- —Enfile du maïs soufflé (cinq ou six morceaux) et ensuite des canneberges (deux ou trois) et ainsi de suite.
- —Tu peux faire la succession que tu désires.

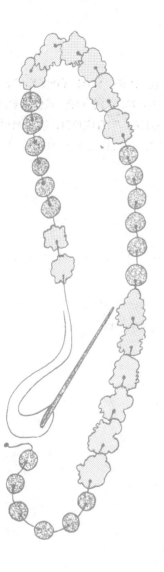

Le paysage d'hiver

Matériel:
— papier de construction noir
— craie blanche ou crayon de cire blanc.

Déroulement:
— Sur le papier de construction noir, dessine à la craie ou au crayon blanc de la neige, un bonhomme de neige, une maison, un arbre, un enfant, un soleil, etc.

La couronne de Noël

Matériel:

— assiette de carton
— papier de soie vert et rouge
— papier d'aluminium
— essuie-pipe rouge
— contenant de lait en plastique pour café
— colle.

Déroulement:

(1)

— Découpe un cercle au centre d'une assiette de carton (**1**).

(2)

— Découpe du papier de soie vert en carrés de 5 à 6 cm de côté (**2**).

(3)

— Bouchonne ces carrés et colle-les de manière à couvrir la surface extérieure de l'assiette (**3**).
— Colle, sur cette couronne, huit à dix papiers bouchonnés rouges; ce seront des cerises.

(4)

— Recouvre les petits contenants de lait en plastique de papier d'aluminium (**4**). Ce seront des cloches.

(5)

— Insère un essuie-pipe au centre de chacune de tes cloches. Replie une extrémité pour faire le battant et fixe l'autre bout à la couronne (**5**).

La couronne verte

Matériel:
- papier de construction vert de 22 cm X 30 cm
- ciseaux
- ruban adhésif
- papier de construction rouge
- colle.

Déroulement:

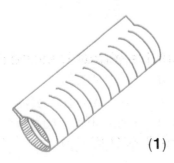

(1)

- Plie le papier vert dans le sens de la longueur.
- Découpe sur le pli une sorte de frange en ayant soin de t'arrêter à environ 2 cm avant le bout (**1**).
- Réunis les coins en les agrafant ou en les collant (**1**).

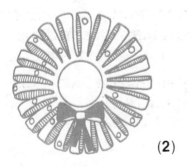

(2)

- Pousse ou plie pour arrondir les lisières (**2**).
- Colle de petits cercles rouges en guise de fruits.
- Pour terminer, attache une boucle de papier crêpé rouge.

La papillote

Matériel:

- —rouleau de papier de toilette
- —papier de soie ou papier crêpé de 15 cm X 30 cm
- —ruban ou laine
- —ruban adhésif ou colle
- —ciseaux
- —collants de Noël.

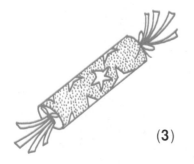

(1)

Déroulement:

- —Découpe trois épaisseurs de papier de soie ou de papier crêpé de 15 cm X 30 cm.
- —Entoure le rouleau de papier de toilette et colle le bord pour garder le papier en place.
- —Attache un bout avec un ruban (**1**).

(2)

- —À l'autre bout, mets une petite surprise dans le rouleau et attache ce bout aussi avec un ruban (**2**).

(3)

- —Découpe une frange à chaque extrémité (**3**).
- —Décore ta papillote avec des collants de Noël ou d'autres décorations que tu auras faites.

La canne de bonbon

Matériel:

—2 ou 3 essuie-pipes de différentes couleurs.

Déroulement:

—Tourne sur eux-mêmes deux ou trois essuie-pipes de différentes couleurs.

—Recourbe une extrémité de manière à donner la forme d'une canne.

—Tu peux en faire autant que tu le désires et les suspendre dans ton arbre de Noël (**1**).

(**1**)

L'ange

Matériel:

—verre de papier, en forme de cône
—balle de «styrofoam»
—essuie-pipes
—napperon de dentelle en papier
—colle
—ciseaux
—papier de construction
—laine jaune.

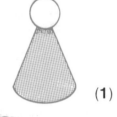

(1)

Déroulement:

—Si tu n'as pas de verre en papier en forme de cône, fais-toi un cône à l'aide de papier de construction.

—Fais un petit trou dans la balle de «styrofoam» et place cette dernière sur la pointe du cône où tu auras mis au préalable de la colle (**1**) afin que la tête tienne en place.

—Au centre du napperon de dentelle en papier, trace et découpe les ailes que tu colles derrière le cône (**2**).

(2)

—Avec les essuie-pipes, fais les yeux, le nez et la bouche ainsi que l'auréole (**3**) que tu places sur le dessus de la tête.

(3)

—Tu peux coller deux bras faits de papier de construction.

—Tu peux coller de la laine sur la tête pour faire les cheveux (**4**).

(4)

Le traîneau du père Noël

Matériel:
- —1 boîte à oeufs
- —2 essuie-pipes (longs)
- —peinture
- —pinceau
- —colle.

Déroulement:

(1)

- —Découpe un compartiment de la boîte à **oeufs** (**1**).
- —Peins-le de la couleur de ton choix.

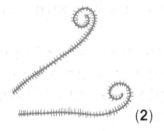

(2)

- —Utilise deux essuie-pipes pour faire les **skis du** traîneau (**2**).

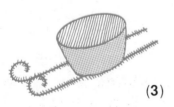

(3)

- —Colle ces skis sous ton traîneau (**3**).
- —Tu peux mettre les objets de ton choix **dans le** traîneau.

L'enfant au berceau

Matériel:
- —une demi-noix de Grenoble
- —ouate
- —pâte à modeler.

Déroulement:
- —À l'aide de la pâte, modèle un petit bébé (**1**).

(1)

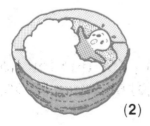

—Remplis la demi-noix de Grenoble de ouate et couche le bébé entre deux couches de ouate (**2**).

(2)

Un flocon de neige

Matériel:
—1 feuille blanche de 22 cm X 22 cm
—ciseaux.

(1)

Déroulement:
—Plie ta feuille en deux partie égales (**1**).

(2)

—Plie-la de nouveau dans l'autre sens (**2**).

(3)

—Trace une ligne courbe pour que ton flocon soit en forme de cercle (**3**) et coupe le long de cette ligne.

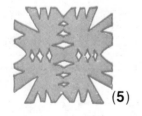

(4)

—Avec tes ciseaux, fais des dents de toutes les formes sur les trois côtés de ton papier en ayant soint de ne pas en faire sur le coin du bas (**4**).

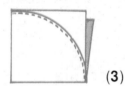

(5)

—Ouvre ta feuille de papier. Tu as un beau flocon de neige que tu peux coller sur un papier de construction de couleur (**5**).

La neige

Matériel:

—petites boules de «styrofoam»
—essuie-pipes blancs
—ciseaux.

Déroulement:

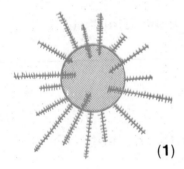

(1)

—Coupe les essuie-pipes de grandeurs différentes (grand - moyen - petit).
—Insère-les maintenant dans ta balle de «styrofoam» en essayant d'alterner les longueurs (**1**).

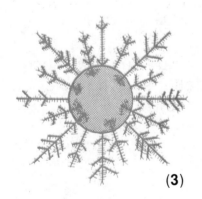

(2)

—Utilise des petits bouts d'essuie-pipes pour
décorer les essuie-pipes déjà piqués dans la
balle (**2**).

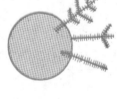

—Tu peux tourner le bout des essuie-pipes de
grandeur moyenne (**3**).

(3)

La crèche de Noël

Matériel:
- —1 petit contenant de lait
- —gouache ou peinture brune
- —pinceau
- —ciseaux
- —pâte à modeler
- —paille jaune ou papier de soie jaune.

Déroulement:

(1)

- —Coupe l'un des côtés d'un petit contenant de lait (**1**).

(2)

- —Peins à la gouache brune l'extérieur du contenant de lait (**2**).

- —Couvre le plancher de la crèche avec de la paille ou du papier de soie jaune que tu auras froissé.

(3)

- —À l'aide de la pâte à modeler, tu peux modeler Marie, Joseph et l'Enfant-Jésus (**3**).

Le bonhomme de neige

Matériel:
- —carton
- —papier de soie rouge
- —bâtons de «popsicle»
- —papier de construction noir et rouge
- —essuie-pipe
- —ouate
- —colle
- —ciseaux.

Déroulement:

(1)

—Sur le carton, trace la forme d'un **8** qui servira de corps pour le bonhomme de neige (**1**). Découpe cette forme.

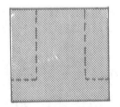

(2)

—Découpe un carré de papier de construction noir et trace un **L** à l'endroit et un **L** à l'envers **⌐**. Découpe sur ces lignes et tu auras le chapeau de ton bonhomme (**2**).

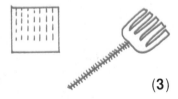

(3)

—Découpe un autre carré de couleur rouge et découpe des bandes en t'arrêtant à 1½ cm du bord. Ce sera ton balai. Colle un essuie-pipe à la base et ton balai est prêt (**3**).

(4)

—Couvre la forme de bonhomme de neige avec de la colle et recouvre-la de ouate.

—Découpe des yeux, un nez et une bouche et colle-les sur la ouate au bon endroit. Colle aussi le chapeau.

—Les bras sont des bâtons de «popsicle» que tu colles derrière le bonhomme.

—Le foulard est une bande de papier de soie rouge avec laquelle tu entoures le cou de ton bonhomme.

—Les boutons sont faits de papier de soie rouge bouchonné que tu colles sur la ouate.

—N'oublie pas de coller le balai sur le bras de ton bonhomme.

—Ton bonhomme de neige est prêt pour le froid (**4**).

Le petit renne au nez rouge

Matériel:

- sac de papier brun # 5
- papier de construction noir
- papier de construction rouge et blanc
- bande blanche de 5 cm X 8 cm
- bande blanche de 5 cm X 23 cm
- ciseaux
- colle.

Déroulement:

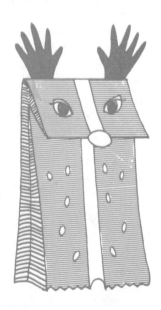

- Trace au crayon jaune ou blanc ta main gauche sur un papier noir; trace ensuite la main droite. Coupe sur la ligne.
- Colle ces mains, qui sont les panaches, derrière la partie du sac qui sert de tête.
- Colle la bande de papier blanc de 5 cm X 8 cm sur le fond du sac dans le sens vertical et bien au centre.
- Colle ensuite l'autre bande sur la façade du sac, dans le sens vertical et bien au centre aussi.
- Avec le papier rouge, fais le nez que tu colles sur le fond du sac (attention, tu ne colles qu'une moitié du nez au sac, l'autre moitié reste libre dans l'air.)
- Découpe de petits cercles blancs que tu colles sur le sac.

La boule de Noël

Matériel:
- —boule de «styrofoam»
- —papier de soie de différentes couleurs
- —essuie-pipe
- —colle.

Déroulement:
- —Déchire le papier de soie en morceaux de grandeurs différentes.
- —Mets de la colle sur la surface de la boule et colle les morceaux de papier de soie en mêlant les couleurs et en les superposant ici et là.
- —Couvre toute la surface.
- —Insère un essuie-pipe qui servira à suspendre la boule.

Le cône de pin

Matériel:
- —noix de Grenoble
- —pâte à modeler
- —cône de pin
- —peinture.

pâte à modeler

noix

Déroulement:
- —Sépare la noix de Grenoble en deux et vide-la de son contenu.
- —Remplis la demi-noix de pâte à modeler.
- —Insère un cône de pin dans la pâte.
- —Tu peux peindre le cône avec la peinture de ton choix ou le laisser couleur nature.

La chandelle

Matériel:
- papier de construction
- colle
- ciseaux
- carton.

Déroulement:

(1)

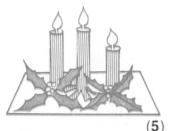

(2)

- Roule un morceau de papier en forme de tube. Colle-le ou agrafe-le afin qu'il reste en place.

- À une extrémité de la chandelle, coupe six ou sept entailles dans le sens vertical (**1**). Plie ces bandes vers l'extérieur (**2**).
- Colle cette chandelle sur une base de carton.

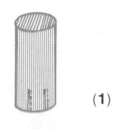

(3)

- Dans du papier jaune, découpe une flamme (**3**) que tu colleras au sommet de la chandelle.

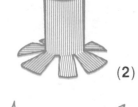

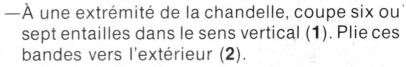

(4)

- Découpe des feuilles de houx vertes (**4**) et des cercles rouges et colle-les à la base de la chandelle (**5**).
- Tu peux faire plusieurs chandelles de grosseurs et de longueurs différentes.

(5)

Le chandelier

Matériel:
- petite boîte de pouding
- laine
- colle
- pâte à modeler
- chandelle.

Déroulement:

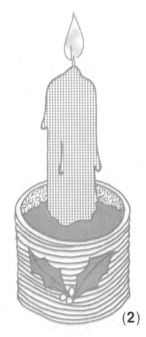

(1)

- Lave l'intérieur d'une petite boîte de pouding.
- Colle un bout de laine à la base de la boîte et tourne tout autour de la boîte en mettant de la colle au fur et à mesure que tu places la laine.
- Continue ainsi jusqu'en haut de la boîte (**1**). (Tu peux utiliser deux couleurs de laine et les faire alterner.)

(2)

- Presse un peu de pâte à modeler au fond du contenant afin de pouvoir mettre solidement une chandelle rouge ou verte.
- Tu peux coller de petites décorations sur la boîte (**2**).

La bougie

Matériel:
- —1 bougie de fête
- —pâte à modeler
- —noix de Grenoble
- —essuie-pipe.

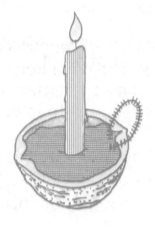

Déroulement:
- —Sépare la noix de Grenoble en deux et vide-la de son contenu.
- —Remplis la demi-noix de pâte à modeler.
- —Au centre de la pâte, insère une chandelle d'anniversaire de naissance.
- —À une extrémité de la noix, insère aussi un essuie-pipe de 8 cm plié en deux dans la pâte. Tu viens de faire une anse pour tenir la bougie.

Une serviette pour Noël

Matériel:

- serviette de table en papier rouge
- colle
- papier de construction blanc
- papier de construction bleu et rouge ou marqueurs bleu et rouge.

Déroulement:

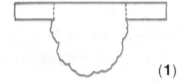

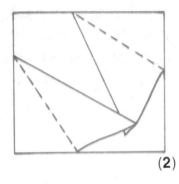

(1)

- Dans le papier de construction blanc, découpe une forme semblable à l'illustration (**1**).

(2)

- Plie la serviette de papier rouge comme te l'indique l'illustration (**2**).

(3)

- Place la forme de père Noël sur la serviette de papier rouge et replie en arrière les deux bandes. Colle les deux extrémités de la bande l'une sur l'autre.
- Trace et découpe les yeux et le nez ou dessine-les au marqueur (**3**).
- Tu peux en faire une pour chaque invité.

Le bonhomme en feuilles de houx

Matériel:
- papier de construction vert et rouge
- colle
- ciseaux.

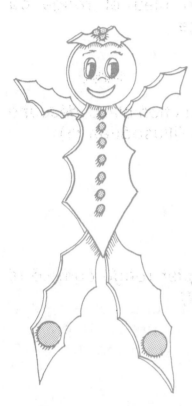

Déroulement:
- Dans le papier de construction vert, découpe:
  - 3 grandes feuilles de houx (corps - jambes)
  - 2 feuilles de houx moyennes (bras)
  - 1 petite feuille de houx (chapeau).
- Dans le papier de construction rouge découpe:
  - 1 grand cercle (tête)
  - 2 cercles moyens (souliers)
  - 10 petits cercles (décorations).
- Les yeux et la bouche sont verts.
- En te guidant sur l'illustration, colle les parties en place.

La lampe

Matériel:
- —rouleau de papier de toilette de 17 cm X 14 cm
- —papier de construction
- —ciseaux
- —colle.

Déroulement:

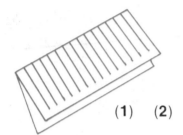

—Plie ton papier en deux (**1**) et découpe-le en bandes de 1½ cm (**2**).

(**1**)   (**2**)

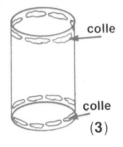

colle

colle

(**3**)

—Déplie maintenant ton papier et colle-le autour du tube de papier de toilette; attention, tu le colles seulement en haut et en bas du tube (**3**).

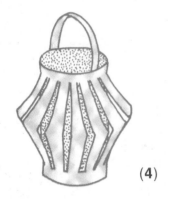

(**4**)

—Fais une bande de papier et colle-la pour faire une courroie pour suspendre ta lampe (**4**).

Le bas de Noël

Matériel:
- —papier de construction rouge
- —ouate
- —poinçon
- —laine
- —colle.

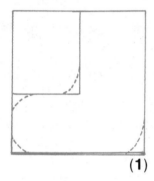

(1)

Déroulement:
- —Trace et découpe deux bas en suivant le modèle (**1**). Les petits traits indiquent où couper les coins.

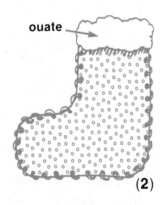

ouate

(2)

- —À l'aide d'un poinçon, fais de petits trous tout autour des bas à l'exception de la partie du haut. Il est à conseiller de poinçonner les deux bas à la fois afin que les trous soient en face les uns des autres .
- —Avec la laine, lace les deux bas ensemble (**2**).
- —En haut de ton bas, tu colles une bande de ouate.
- —Tu peux décorer ton bas avec des marqueurs si tu veux.

Une chaîne de coeurs

Matériel:
—fil
—papier de construction rouge
—papier adhésif
—ciseaux.

Déroulement:

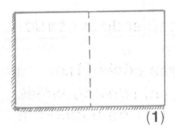

(1)

—Découpe des coeurs, gros et petits dans le papier de construction.
—Pour faire les coeurs, plie ton papier en deux (**1**).

(2)

—Trace un demi-coeur sur la partie pliée (**2**).
—Coupe le long de cette ligne.

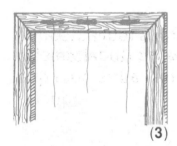

(3)

—Au-dessus d'une porte ou ailleurs, tu attaches des fils (**3**). Tu colles le long de ces fils les coeurs que tu as faits (**4**).

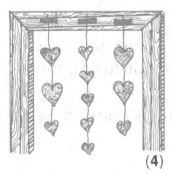

(4)

Un panier en coeur

Matériel:

- papier de construction rouge
- laine
- poinçon
- crayons de couleur.

(1)

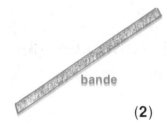

bande

(2)

(3)

(4)

Déroulement:

- Plie un grand morceau de papier de construction en deux.
- Dessine un coeur sur un des côtés (**1**).
- Découpe le coeur en ayant soin de couper les deux côtés du papier à la fois de manière à avoir deux coeurs de même grandeur.

- Découpe une bande dans le papier qu'il te reste (**2**).

- Avec le poinçon, fais des trous tout autour de la partie inférieure des coeurs (tu laisses les coeurs ensemble, l'un contre l'autre pour que les trous coïncident) (**3**).

- Il ne te reste plus qu'à lacer les coeurs ensemble à l'aide de la laine que tu as choisie.
- Colle la bande (**4**).
- Tu peux faire un dessin sur les deux côtés de ton panier en coeur.

Un chapeau pour la St-Valentin

Matériel:
- papier de construction rouge
- un tube de papier-serviettes
- corde.

Déroulement:
- Commençant à une extrémité du tube, découpe des bandes de 1½ cm de largeur. Chaque bande s'arrête à 7 cm de l'autre bout du tube.
- Étends les bandes de manière à faire un chapeau.
- Découpe des coeurs avec le papier de construction rouge et colle-les tout le long des bandes.
- Pour que le chapeau soit plus solide, attache une corde qui passera dans deux trous que tu auras faits dans la partie supérieure du chapeau.

Un animal pour la St-Valentin

Matériel:

—papier de construction de différentes couleurs
—colle.

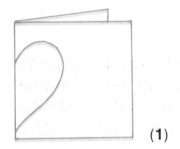

Déroulement:

—Pour découper plusieurs coeurs de couleurs, de formes et de grandeurs différentes, plie un papier en deux, dessine la moitié d'un coeur (**1**) et coupe sur la ligne que tu viens de faire.

(1)

(2)

—Dispose les coeurs sur une grande feuille blanche de manière à faire un animal (**2**).

—Quand tu es satisfait de l'arrangement, colle les coeurs sur le papier et rajoute les détails manquants avec un marqueur ou un crayon de couleur.

La fleur d'amour

Matériel:

- —feuille de papier blanc
- —papier de soie jaune
- —papier de construction vert et rouge
- —ciseaux
- —colle.

(1)

Déroulement:

—Dans la feuille de papier blanc, découpe quatre coeurs de même grandeur (**1**).

(2)

—Utilise le papier de construction vert pour découper une tige et deux feuilles (**2**).

(3)

—Il ne te reste plus qu'à mettre les pièces en place et à les coller (**3**) sur un papier de construction rouge.

—Le centre de la fleur sera un carré de papier de soie bouchonné.

Le panier de Pâques

Matériel:
- —contenant de lait
- —papier de construction
- —papier de soie
- —colle ou agrafeuse
- —ciseaux.

Déroulement:

—Avec tes ciseaux, enlève la partie supérieure du petit contenant de lait (**1**).

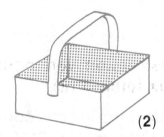

—Avec le papier de construction, découpe une bande de 3 cm que tu agraferas ou que tu colleras sur deux côtés opposés du contenant (**2**).

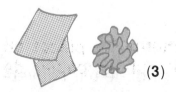

—Découpe le papier de soie en carrés de 5 à 6 cm que tu bouchonnes (**3**) et que tu colles tout autour de ton panier (**4**).

—Tu peux mettre de la paille dans ton panier pour transporter tes oeufs de Pâques.

Le panier léger

Matériel:
- —ballon
- —colle
- —laine.

Déroulement:

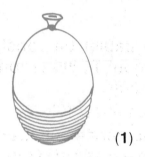

(1)

- —Souffle un ballon.
- —Applique beaucoup de colle sur toute la partie inférieure du ballon.
- —Enroule maintenant de la laine sur cette colle fraîche (**1**).

(2)

- —Mets maintenant de la colle dans le sens contraire et recouvre d'une seule bande (**2**). Ce sera l'anse du panier.

- —Pour le faire sécher, suspends-le par l'ouverture du ballon.

(3)

- —Lorsqu'il est sec, crève le ballon. Tu as maintenant un beau panier (**3**).

Un chapeau de Pâques

Matériel:

—papier de construction
—crayons de couleur, marqueurs ou peinture
—colle.

Déroulement:

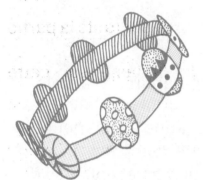

—Découpe une bande de papier de construction de 3 à 4 cm de largeur et assez longue pour faire le tour de ta tête.
—Colle les deux extrémités ensemble.
—Trace les oeufs sur du papier de construction de couleur. Décore-les avec des crayons, des marqueurs ou de la peinture, après les avoir découpés.
—Colle les oeufs tout autour de la bande.

Le poussin naissant

Matériel:

—ouate en boule
—colorant jaune
—demi-coquille d'oeuf
—morceaux de papier de construction.

Déroulement:

—Lave une demi-coquille d'oeuf et fais-la bien sécher.
—Sur la ouate blanche, vaporise du colorant jaune afin de teindre la boule d'ouate.
—Place la boule d'ouate jaune à l'intérieur de la coquille; ce sera ton poussin.
—Découpe des yeux et un bec et colle-les délicatement sur la ouate.
—Ça y est, ton petit poussin est né!

Le poussin sort de l'oeuf

Matériel:
- papier de construction
- ciseaux
- marqueurs ou crayons de couleur
- colle.

Déroulement:

- Taille dans le papier de construction, la forme d'un oeuf (17 cm X 10 cm) (**1**).

- Décalotte l'oeuf en dentelures irrégulières (**2**).
- Fais sur l'oeuf deux entailles de 2 cm de longueur.

- Décore l'oeuf avec tes crayons ou tes marqueurs (**3**).

- Au bout d'une bande de papier de 20 cm de long et de 1½ cm de large, colle un petit poussin.
- Tu peux le faire comme ceux de l'illustration (**4**) ou en faire un autre de ton choix.

- Glisse la bande dans les deux fentes de façon à cacher le poussin dans l'oeuf (**5**).
- Tu peux maintenant le faire entrer et sortir de l'oeuf.

La tulipe de Pâques

Matériel:
- —1 boîte d'oeufs
- —essuie-pipes
- —peinture
- —pâte à modeler.

Déroulement:
- —Découpe individuellement les alvéoles d'une boîte d'oeufs vide.
- —Peins-les de différentes couleurs.
- —Fais un petit trou à la base de chaque alvéole pour permettre d'y insérer un essuie-pipe qui sera la tige.
- —Fais une petite base à l'aide de la pâte à modeler.
- —Insère les fleurs.
- —Tu peux découper des feuilles que tu colleras à un essuie-pipe (**1**) et que tu inséreras aussi dans la base de pâte à modeler (**2**).

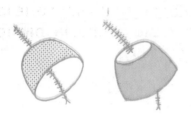

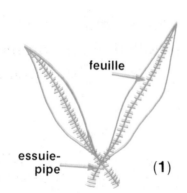

feuille

essuie-pipe

(1)

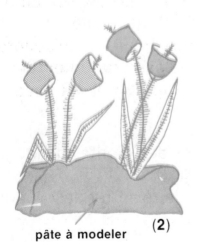

pâte à modeler **(2)**

L'oeuf surprise

Matériel:
- —papier de construction
- —crayons ou marqueurs.

Déroulement:
- —Plie un papier de construction en deux.
- —Trace et découpe un oeuf en ayant soin que la partie supérieure de l'oeuf touche la partie pliée du papier (**1**).

(**1**)

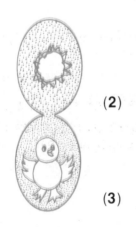

(**2**)

(**3**)

- —Sur la partie frontale de l'oeuf, découpe une petite fenêtre en zigzag et décore tout autour de la fenêtre (**2**).

- —Trace un cercle jaune dans du papier de construction et découpe-le. Ce sera la tête d'un poussin (**3**).
- —Colle cette tête à l'intérieur de l'oeuf et rajoute les yeux et le bec.
- —Découpe un autre cercle jaune que tu colleras sous le premier cercle. Ce sera le corps.
- —Dessine maintenant les pattes et les ailes.

L'oeuf brisé

Matériel:
- —papier de construction
- —crayons ou marqueurs
- —colle
- —attache parisienne

Déroulement:
- —Dessine un oeuf sur un papier de construction et découpe-le.
- —Décore l'oeuf avec tes crayons ou tes marqueurs.
- —Découpe l'oeuf en deux en suivant un trait en zigzag.
- —Dans du papier de construction jaune trace, dessine et découpe un poussin.
- —Colle le poussin au dos de la coquille inférieure de l'oeuf; il aura l'air d'être assis dans l'oeuf.
- —Attache la partie supérieure de l'oeuf à la partie inférieure avec une attache parisienne.
- —Tu peux maintenant ouvrir et fermer l'oeuf à ta guise.

Les oeufs décorés à la laine

Matériel:

- —oeufs cuits ou vides
- —laine de différentes couleurs
- —peinture
- —colle.

Déroulement:

- —Peins des oeufs en ayant soin de ne pas les briser.
- —Lorsqu'ils sont secs, décore-les avec de la laine.
- —Laisse courir ton imagination, tu auras des oeufs magnifiques.

Une carte de Pâques

Matériel:

—papier de construction de différentes couleurs
—colle
—ciseaux.

Déroulement:

—Plie en deux un papier de construction jaune.
—Dessine un poussin; le dos du poussin sera la partie pliée du papier (**1**).
—Découpe sur la ligne que tu as tracée les deux épaisseurs de papier.
—Prends une feuille de papier de construction d'une autre couleur et plie-la aussi en deux parties égales, ce sera la carte.
—Colle le dos du poussin sur le dessus de la carte (**2**).
—Trace, découpe et colle des plumes de différentes couleurs pour la queue et l'aile du poussin.
—Découpe et colle un petit triangle qui servira de bec au poussin.
—Avec un marqueur, dessine l'oeil et les pattes du poussin.
—Écris un message à l'intérieur de ta carte et à l'intérieur du poussin.

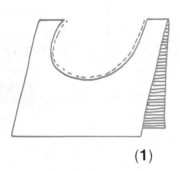

(**1**)

(**2**)

Un lapin moelleux

Matériel:
- —tube de papier de toilette
- —papier de construction
- —ouate
- —colle.

Déroulement:
- —À l'aide de colle, fixe la ouate tout autour du tube de papier de toilette.
- —Colle une boule de ouate derrière; ce sera la queue.
- —Dans du papier de construction de couleur, découpe les oreilles, les yeux, le nez, la bouche, les moustaches et le noeud papillon et colle-les au bon endroit.
- —Remarque que les oreilles sont collées à l'intérieur du tube (**1**).

(**1**)

Le lapin sac

Matériel:

—2 sacs de papier
—peinture blanche
—papier journal
—ouate
—papier de construction
—essuie-pipes.

Déroulement:

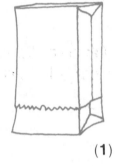

(1)

—Peins à la gouache blanche deux sacs de papier.
—Remplis l'un des sacs avec des morceaux de papier journal bouchonné.
—Recouvre le sac rempli de papier journal bouchonné d'un autre sac de même grandeur (**1**).

(2)

—Attache ensemble les deux sacs. À cet endroit, tu auras le cou du lapin.
—Avec le papier de construction, découpe les oreilles et les pieds que tu colles ensuite au bon endroit (**2**).
—Découpe aussi les yeux, le nez et la bouche.
—Tu peux coller des essuie-pipes qui seront les moustaches.
—Colle une boule de ouate derrière le sac; ce sera la queue.

Le lapin gentil

Matériel:
- boule de «styrofoam»
- verre de «styrofoam»
- colle
- papier de construction
- clou de girofle
- cure-dents
- ciseaux
- ouate.

(1)

Déroulement:
- Découpe deux gros pieds (**1**) dans le papier de construction et colle-les sous le verre (**2**).

(2)

- Découpe deux oreilles et colle deux cure-dents derrière afin de pouvoir les insérer dans la boule de «styrofoam» (**3**).
- Colle la boule de «styrofoam» sur le verre et colle-lui un foulard de ouate qui l'aidera à bien rester en place (**4**).
- En guise de moustaches, insère des cure-dents et en guise d'yeux, insère des clous de girofle dans la balle de «styrofoam».
- Pour la bouche, tu peux coller un cercle rouge fait de papier de construction.
- Colle un peu de ouate derrière le verre en guise de queue.

(3)

(4)

Le lapin de Pâques

Matériel:
—1 oeuf
—ouate
—papier de construction
—crayons feutre (marqueurs).

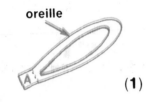

oreille

(1)

Déroulement:
—Il te faut d'abord vider l'oeuf de son contenu. Pour cela, tu fais un trou à l'aide d'un objet pointu (couteau, aiguille, ciseaux) à chaque extrémité.

—Tu souffles dans un des trous pour faire sortir l'intérieur de l'oeuf par l'autre trou.

—Colle la ouate par-dessus l'un des trous; ce sera la queue.

—Découpe deux oreilles de papier de construction.

—Colle la partie «A» de l'oreille sur le dos de l'oeuf **(1)**.

—Avec les marqueurs, dessine les yeux et la bouche.

—Découpe trois bandes minces dans le papier de construction et mets-les sous le nez en les croisant et en les collant au centre **(2)**.

—Tu peux déposer ton lapin sur un nid de paille **(3)**.

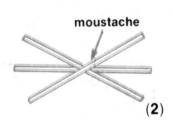

moustache

(2)

(3)

Le lapin

Matériel:

- —papier de construction blanc, rouge et noir
- —marqueur
- —ouate
- —2 bâtons de «popsicle»
- —papier de soie bleu ou vert.

Déroulement:

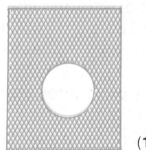

(1)

- —Dans le papier blanc, découpe un cercle de 11 cm de diamètre.
- —Colle ce cercle sur un papier de construction rouge de 30 cm X 23 cm (**1**).

- —Dans le papier de construction noir, découpe trois bandes étroites de 22 cm de long. Ces bandes seront les moustaches.
- —Colle-les de manière à les faire passer au centre du cercle blanc. Tu mets de la colle seulement au centre.

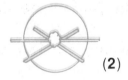

(2)

- —Au point de jonction des moustaches, colle une boule de ouate en guise de nez (**2**).
- —Tu es maintenant prêt à coller les deux bâtons de «popsicle» qui serviront d'oreilles à ton lapin.

(3)

- —Dans le papier de soie, découpe 2 épaisseurs de 12 cm X 8 cm (**3**) et pince-les au centre de manière à faire une boucle que tu colles sous la tête du lapin.
- —Aux marqueurs, dessine les yeux et la bouche (**4**).

(4)